广胜寺

山西省文物局 编
张俊峰 编著

山西出版传媒集团
三晋出版社

临宏伟绝伦的琉璃宝塔，一览霍山旖旎的风光，更值得我们留恋的便是

历史上的人和事。飞虹塔的前世今生……

写在前面的话

党的十八大以来，以习近平同志为核心的党中央高度重视文化自信和文化建设，强调在加强文化建设中要坚持讲好中国故事、传播好中国声音，铸牢中华民族共同体意识，向世界展现真实、立体、全面的中国，提高国家文化软实力和中华文化影响力，让世界更好地了解中国。2020年5月，习近平总书记在山西视察时，进一步指出文化遗产保护的重要意义：历史文化遗产是不可再生、不可替代的宝贵资源，要始终把保护放在第一位。发展旅游要以保护为前提，不能过度商业化，要让旅游成为人们感悟中华文化、增强文化自信的过程。

山西是中华文明重要的发源地，更是数千年中华文明史重要的实践地，山西以其独特的自然和人文环境，留下了丰富的遗迹、遗物。山西省目前有国保单位531处，高居全国之首，为深入开展“百万年的人类史、一万年的文化史、五千多年的文明史”研究，提供了丰富的实物资料。

为深入贯彻落实习近平总书记讲好中国故事、传播好中国声音的要求，以及视察山西时关于保护和利用好文化遗产的重要指示，进一步把山西省文化遗产所蕴藏的优秀传统文化精神标识和具有当代价值与世界意义的文化精髓提炼展示出来，不断提升中华文化影响力，山西省文物局与山西大学以山西省全国重点文物保护单位为依托，共同开展了“讲好山西国宝级文物故事”活动，并将其成果以“山西国宝故事”丛书奉献给广大读者。

此次选定的山西国宝文物包括山西省的三大世界文化遗产地、国务院首批公布的全国重点文物保护单位以及在全国同类遗存中具有重大文化价值的遗存共20处。这20处国宝大致可分为四类。

第一类是世界文化遗产。享誉中外的三大世界文化遗产，是我省的闪亮名片。云冈石窟代表着石窟艺术“中国化”的开始，壮丽的典型皇家风范造像，代表了公元5世纪世界雕刻艺术的最高水平，成为中西文化交流的历史丰碑。冰缘地貌、五峰聚立的佛教圣地五台山，是我国唯一兼有藏传佛教和汉地佛教的道场，是东亚乃至世界现存最庞大的佛教古建筑群，各类庙宇交相辉映，多民族文化和谐共存，同时也是艺术的殿堂，雕、镂、彩、绘，各呈奇异，钟、鼓、碑、匾，琳琅满目。保存最完整的古代县城平遥，是中国汉民族在明清时期的杰出范例，曾是中国金融业的中心，四四方方的城墙、整整齐齐的街道布局，车水马龙，人声鼎沸，盛满了城市过往的浓厚记忆，被称为研究中国古代城市的活样本。

第二类是古建宝刹。“地上文物看山西”，山西是名副其实的中国古建筑宝库。古建与土木匠作、髹漆彩画、造像雕塑、琉璃烧造、模型搭建等文化遗产，共同构成类目齐备、保存完整的文化遗产体系，在我国乃至世界范围内独一无二，具有“时代最早、数量最多、类型齐全、形式优美”的特点。其中有梁思成眼里的“中国第一国宝”佛光寺；有我国现存最古老的木结构佛教建筑南禅寺大殿；有精美绝伦的元代水神庙壁画，有保存最完好的飞虹琉璃塔的广胜寺；有被誉为世界三大奇塔之一的应县木塔；有见证民族交融的华严寺；有国内现存布局最完整、规模最宏大的辽金佛寺善化寺；有悬挂在山崖峭壁上，佛、道、儒三教合一的独特寺庙悬空寺；有保存着中国古代寺观壁画巅峰之作的永乐宫；有现存最早的皇家园林，三晋历史文脉的重要载体晋祠；有始建年代最早、规模最大、档次最高、保存最全的关帝庙宇解州关帝庙。

第三类是考古遗址。从古人类文化遗址、帝都古城到陵寝墓葬，考古类遗址为研究中国文化源流，解开尘封历史提供了珍贵的实物资料。这一类包括了远古人类打制石器的现场，中国旧石器时代中期的代表性文化遗址丁村遗址；华夏文明的源头，被称为“最初中国”的陶寺遗址；展示盛衰交替晋文化的晋国始封地与早期都城曲村—天马遗址；晋国晚期都城侯马晋国遗址。

第四类是历史遗存。说不尽的人文，道不尽的故事。汇通天下的百年票号日昇昌旧址，几经风雨沧桑、几经商海沉浮；平型关战役遗址，代表了中国共产党领导的八路军正面抗日取得的首次胜利，极大地鼓舞了全国军民抗战到底的信心，提高了共产党和八路军的威望；华北抗日根据地的指挥中心武乡八路军总司令部旧址，曾是百团大战的发起地，书写了抗日军民浴血奋战、威震敌胆的英勇事迹。

从古人类文化遗址、帝都古城到宝刹石窟、险堡雄关、革命圣地……整个山西就是一部浓缩的中华文明史诗，见证着中华历史的沧桑演变，体现了中华文明的连续性、创新性、统一性、包容性、和平性。讲好山西国宝故事，是讲好中国故事非常重要的组成部分，也是传播好中国声音，铸牢中华民族共同体意识，向世界展现真实、立体、全面的中国的有益实践。站在新的历史起点，我们浸润于三晋大地的优秀传统文化之中，通过“第二个结合”，更加坚定文化自信，共同努力创造属于我们这个时代的新文化，建设中华民族现代文明，铸就中华文化新辉煌。

丛书编委会

P89 ○ 价值连城：广胜寺的『壁画』
一、广胜寺壁画精品 / 92
二、流失海外的壁画珍藏 / 147
P155 ○ 走向世界的广胜寺

目录

P1
引子
「傧伽」带你赏国宝／7

P13
精美绝伦：广胜寺的飞虹塔
一、从阿育王塔到飞虹琉璃塔／14
二、飞虹琉璃塔的建筑装饰艺术／21

P43
国宝奇珍：广胜寺的『金藏』
一、《赵城金藏》的前身／46
二、发现《赵城金藏》／50
三、雕印《赵城金藏》／63
四、抢运《赵城金藏》／69
五、修复《赵城金藏》／84

引子

『傧伽』带你赏国宝

“问我祖先来何处，山西洪洞大槐树。祖先故居叫什么，大槐树下老鹳窝。”这句脍炙人口的歌谣民谚让位于山西南部的洪洞县闻名遐迩。洪洞大槐树，是多少北方移民魂牵梦萦的精神家园！京剧《玉堂春》“苏三起解”太原途中，发出一声愤恨的唱词“越思越想心头恨，洪洞县内就无好人”，让洪洞县在全国留下了“没好人”的负面形象，外地游人来到这里时常会提及此事。如今看来，洪洞县之所以背负此“骂名”，皆是戏剧中的一场冤狱惹的祸，苏三当时说的这句话并非是指整个洪洞县的人，有一种说法“洪洞县衙无好人”，人们以讹传讹，便也成了一句俗语。无论如何，洪洞大槐树和苏三“起解”的故事确已成为洪洞县最为有名的地理景观和地方名片。

比起城内的热闹喧嚣，位于县境东部霍山南麓的广胜古寺则显得清幽宁静，霍泉流水汩汩而出，飞虹宝塔巍然耸立，直插云端，苍松翠柏，山清水秀，一派水乡泽国风光，俨然一处北方小江南。游人至此无不驻足，流连忘返，久久不愿离去。每年三月十八的广胜寺水神庙会，更是人山人海，十里八乡，扶老携幼，争先恐后到水神明应王庙大殿烧香祈福，祈祷一年风调雨顺、国泰民安、四海升平。蒲州梆子、晋剧、豫剧、秦腔在水神庙古戏台轮番上演，台下人头攒动，台上紧锣密鼓，尽显人间百态，鼓乐齐鸣，叫卖声、叫好声、婉转高亢的唱腔，成为年复一年吸引远近民众的精神大餐，神、人共享，娱神娱人。时间在这里停了下来，会让你暂时忘却尘世的烦恼，身心得到彻底的放松，精神得到完美的升华。

广胜寺历史悠久，建筑奇特，文物珍贵，塑像壁画琳琅满目，碑碣题咏不胜枚举，具有极高的历史、科学、艺术价值。飞虹琉璃塔、赵城金藏、元代壁画被称为“广胜三绝”。1961 年国务院公布了第一批全国重点文物保护单位 180 处，广胜寺便是其中之一。来到广胜寺，饱览这里的山峦绵亘，泉流喷涌，品味这里苍松翠柏、红墙碧瓦，细细感受千年古刹蕴藏的美感、震撼和感动，与国宝来一次“亲密接触”，这不仅是一回不能轻易被替代的难得体验，更会带给我们一场盛大的人文洗礼和精神升华。

图一 广胜寺霍泉海场全图

防
止
污
染

图二 广胜寺霍泉

图三 广胜寺水神庙戏台

图二 | 图三

“傧伽”带你赏国宝

大家好！我是广胜寺飞虹塔上的翼角武士傧伽，欢迎你们来到历史悠久、风景秀丽、古朴庄严、闻名遐迩的洪洞广胜寺。先给大家介绍一下我自己，别看我个子小，我可是历经岁月洗礼，见过大世面的。飞虹塔是广胜寺最具标志性的建筑，自明正德十年（1515）达连和尚主持设计，开工修建，历经12载，于明嘉靖六年（1527）落成。如今，我在这里已经站立近500年了。500年间，无数高僧大德、善男信女、文人墨客、达官显贵慕名前来，或讲经传戒，普度众生，或烧香拜佛，诚心祈愿，或吟诗作赋，流连丛林山水之间，或题额赐匾，布施向善，光大佛门……发生了许许多多感天动地、令人称道、千古流传、为后世景仰的人和事，说不尽也道不完。

广胜寺位于华夏五大镇山之一的中镇霍山南麓，有上、下寺之分。上寺建于霍山南麓之巅，海拔740米，与下寺遥相呼应，相距380米，高差160米。上寺依山而建，坐北朝南，前后三进院落，一进院落由山门、飞虹塔、弥陀殿组成；二进院落主体为大雄宝殿；三进院落由毗卢殿、地藏殿和观音殿组成。下寺为二进院落，坐北朝南，东依霍山，南临霍泉，西与水神庙相邻。整座寺院呈前低后高之势，寺前道路陡峻，直至山门。寺院建筑由山门、前殿、钟鼓楼、东西垛殿和后大殿构成二进院落。下寺西侧为水神庙，供奉神灵为

图四
翼角武士缤伽

水神明应王，“明应”由唐朝皇帝加封，故官方称之为明应王庙。民间俗传霍泉水神为霍山山神的长子，习称之大郎庙。洪（即洪洞县）、赵（即赵县）二县民众长期享有霍泉灌溉之利，感戴霍泉水神恩泽，历来信奉有加，代代流传成为民间传统习惯，于每年农历三月十八举办水神庙会，定期集会，隆重祭祀。水神庙会因此也成为当地具有重要影响力的盛大民俗活动。广胜寺的国宝文物就是在这种浓厚的佛教文化和水文化氛围中孕育生发而成的，深藏于广胜寺和水神庙之中，为人们膜拜称道。

时光荏苒，往事不再。如今唯有汩汩喷涌的霍泉，清静脱俗的广胜寺，巍然屹立的飞虹塔、绝世独立的赵城金藏，精美绝伦的元代壁画，数量丰富的历代碑石，脍炙人口、广泛流播的动人传说，在反复申说着这里的历史和往事。作为一名长期驻守在飞虹塔上的小护法，我为拥有这方净土感到自豪！各位有缘造访广胜寺，我当尽地主之谊，把500年来在这里听到、看到和留心的精彩故事，讲给大家听！

图五 大明寺泉水汇池鸟瞰图

图十　广胜上寺飞虹塔塔院全景

精美绝伦：广胜寺的飞虹塔

青蓝绿色塑真身，万道金光七彩纷。
广胜寺中东汉塔，弥陀经卷是国珍。

从阿育王塔到飞虹琉璃塔
飞虹琉璃塔的建筑装饰艺术

一、从阿育王塔到飞虹琉璃塔

塔是供奉或收藏佛舍利（佛骨）、佛像、佛经、僧人遗体等的高耸型点式建筑，又称“佛塔”“宝塔”。在东方文化中，塔的意义不仅仅局限于建筑学层面，更涉及历史、宗教、美学、哲学等诸多学科，是探索和了解东方文明的重要媒介。

广胜寺因塔而名，因塔而兴。历史上先后有传说中的阿育王塔、东汉的俱卢舍利塔和明代的飞虹琉璃塔，与之相应的分别是阿育王塔院、俱卢舍寺和广胜寺。

阿育王塔院是广胜寺历史上最早的名字。阿育王是印度孔雀王朝时期的著名君主，通行说法认为，阿育王出生于公元前 303 年，卒于公元前 232 年。佛教典籍中记载他的前半生四处征战，民众伤亡无数，在一次屠杀过后顿然醒悟，放下屠刀，皈依佛门，将佛教确立为国教，广建佛塔，积极宣扬佛教，提出“达摩的征服乃真正之征服”“依法胜，是最胜”。他统一印度后，在四海之内广传佛法，将佛祖真身舍利分作八万四千份，凡遇“八吉祥六殊胜地”，即派神护送安放一座宝塔，建起八万四千座。

唐代道世和尚在佛教百科全书《法苑珠林》中详细考证了当时中国大地尚存的19座阿育王塔，分别是：西晋会稽鄮县塔、东晋金陵长干塔、石赵青州东城塔、姚秦河东蒲坂塔、周岐州岐山南塔、周瓜州城东古塔、周沙州城内大乘寺塔、周洛州故都西塔、周凉州姑臧故塔、周甘州删丹县故塔、周晋州霍山南塔、齐代州城东古塔、隋益州福感寺塔、隋益州晋源县塔、隋郑州超化寺塔、隋怀州妙乐寺塔、隋并州净明寺塔、隋并州榆社县塔、隋魏州临黄县塔。其中就有3座位于今天的山西省境内，“周晋州霍山南塔”即是洪洞广胜寺飞虹塔的前身。广胜寺现存最早的唐大历四年（769）中书门下牒文碑中记有“晋州赵城县东南三十里霍山上古育王塔院一所”，足堪证明。

广胜寺历史上的第二个名称是俱卢舍寺。俱卢是西域僧人慈山的法号，舍是舍利子，俱卢舍就是慈山和尚死后的舍利子。民国时期力空法师在编修《广胜志》时，曾在广胜寺内发现宋碑《平阳广胜塔兴修考》，碑中记载说东汉时西域僧人慈山，法号俱卢，在东汉本初元年（146）

仲秋前夕坐化于广胜寺，后奉敕于东汉桓帝建和元年（147）以慈山舍利造塔并兴寺建宇。洪洞地方宗教学者扈石祥在《洪洞广胜寺》书中讲述了当地流传的关于慈山和尚和俱卢舍寺的传奇故事：东汉汉安年间（142—144），西域高僧慈山，法号俱卢。来到霍山南麓阿育王塔院讲经说法，发现能生万物的聚宝盆，并用智慧打跑闻讯前来霍山盗宝的南蛮子，使霍泉免去劫难并造就了霍山一绝——左扭柏。东汉本初元年（146）仲秋前夕，慈山坐化。147年，慈山和尚众弟子在佛教信徒、善男信女的捐助下，将慈山舍利在阿育王塔院旧址上重新建塔并兴建寺院。为宣扬慈山和尚的功德，将新落成的佛塔用慈山的法号命名，即俱卢舍利塔。相应地，阿育王塔院也改称俱卢舍寺。

此后俱卢舍寺迭遭朝廷大规模灭佛事件，寺院焚毁，佛塔遭劫。先是北魏太武帝始光元年（424），朝廷下令坑杀天下僧道，焚经卷烧寺院，俱卢舍寺沦为废墟。北周武帝保定三年（563），法江大师前往山西朝拜五台山，途经赵城，见霍山南麓金光闪烁，知道此处必有佛舍利，就循着金光登上霍山，在阿育王塔旧址虔诚拜祷四十九日，空中竟奇迹般地降落数粒色彩斑斓的舍利子。朝廷获悉，敕令法江在此修建舍利塔。施工时在地下挖出一块断碑，碑上刻有东汉建和元年敕建俱卢舍寺等字迹。北周建德三年（574），北周武帝降旨灭佛，法江所建佛塔被迫中止，半途而废，是为广胜寺历史上的至暗时刻。

唐代中期，广胜寺迎来新生。唐肃宗上元元年（760），行脚僧赐贤无净比丘，与前贤法江大师一样，途经霍山前往五台山朝拜，见此地祥光万道，瑞气千条，遂上书有司，转奏朝廷，终于将法江遗留下来的未建成的佛塔修缮完整。现存水神庙元代壁画东壁的《水神行雨图》中绘有上寺的建筑，图中最显眼的就是13级宝塔和从塔身及上寺建筑周围四射而出的祥瑞佛光，当为唐至元代广胜寺佛塔形象的一个真实写照。不久后，唐代宗大历四年（769），汾阳王郭子仪应五原郡王李光瓒、当地耆寿百姓陈仙童状请，上奏代宗李豫，请求兴建广胜寺，改变这里长期有塔无寺的局面。唐代宗同意并御笔写下“大历广胜寺”的匾额，表达“广大于天，名胜于世”之意。

上寺现存宋治平元年（1064）重刻《郭子仪奏牒碑》中记载，“因伏乞天恩，遂其诚愿，如蒙特命赐以为额，仍请于当州诸寺选僧住持洒扫，中书门下牒，河东观察

图二
广胜上寺山门

使牒，奉敕宜依仍赐额为大历广胜之寺”。重建后的广胜寺既有阿育王塔院的荣耀历史，又有唐朝皇帝御笔钦赐的寺名，声名鹊起，一改北朝以来的颓败气象，渐趋繁盛。因广胜寺名称始于唐代，故后世叙及广胜寺创始年代时遂以此作为开端。此后，虽迭经唐武宗和后周世宗两次灭佛行为，广胜寺均侥幸躲过劫难。不幸的是在经历金末战火和元大德七年（1303）洪洞 8 级大地震后，广胜寺的建筑遭受严重破坏，位于山巅的广胜寺塔在震中坍塌、毁坏。

广胜寺在佛教界声望较高，不断吸引有为高僧前来讲经传戒，交流佛学，促进了寺院的繁荣。明代，一位名叫达连的僧人（山西襄陵县人）挂锡广胜寺，慨叹霍山舍利塔损坏，誓愿兴修，于是募化四方，并得晋藩王之助，于明正德十年（1515）动工，历时 12 年，于嘉靖六年（1527）落成。修成后的琉璃宝塔高 13 级，壮丽奇伟，雄峙太岳，自此成为广胜寺的重要标志。因达连大师法号飞虹，世人为纪念达连大师营建之功，遂更此塔名为“飞虹塔”。达连大师建塔之事，有立于飞虹塔内门道西侧的建塔碑为证，碑文记载：“建塔僧达连，襄陵柴村里人，少出家，有僧行。嘉靖六年建塔落成，工起于正德十年也。享年六十二岁，生于成化五年八月十四，卒于嘉靖十一年十月十一，姓王氏，徒曰圆寿、圆万、圆富云”。达连大师圆寂后，安葬于上寺南山，有南山达连禅师寿塔碣一方留存，上有“建塔僧达连墓”字样可资佐证。90 余年后的明天启二年（1622），京都大慧法师至广胜寺讲授法华大乘佛经，见“宝塔巍巍，但少回廊耳”，返回京都后筹集巨资，委派受戒弟子乐然大师携资来山，在飞虹塔周加以围栏回廊，历时三载工成，飞虹琉璃塔由此愈加完善。此后，广胜寺因飞虹塔更加闻名于世，成为广胜寺的标志性建筑。从阿育王的“震旦十九塔”到明代的飞虹琉璃塔，广胜寺始终保持其尊崇地位，成为山西南部远近闻名的一座佛教禅林。

明代的飞虹塔坚如磐石，虽已经受了 400 余年的风雪侵蚀，但仍完好无损。清康熙三十四年（1695）平阳盆地 8 级大地震中也安然无恙。塔顶有当年地震的题记，为研究平阳地震情况提供了宝贵资料。在过去科学技术不发达的情况下，能建造出这样一座耸入云天的飞虹宝塔，实在是中国建塔史上的一个巨大成就。

二、飞虹琉璃塔的建筑装饰艺术

佛塔最早源于印度，传入中国，中国的工匠们将中国的亭台楼阁建筑风格运用于塔建筑的设计当中，使塔具有了本土化的特征，创造了各种样式的华夏名塔，有楼阁式、密檐式、亭阁式、覆钵式、无缝式、宝箧印式、多宝塔、金刚宝座塔等等。建筑平面从早期的正方形逐渐演变成六边形、八边形乃至圆形。材质也从传统的夯土、木材扩展到了砖石、陶瓷、琉璃、金属等。

据统计，中国大地现存各种样式的古塔有近万座，遍布全国。其中，河南登封北魏嵩岳寺塔、云南大理南诏国时期的千寻塔、山西应县辽代释迦塔和洪洞县明代飞虹琉璃塔并称为中国古代最有代表性的四大名塔。1958 年 3 月 15 日，原邮电部发行了一套《中国古塔建筑艺术》特种邮票，其中第四枚即为广胜寺飞虹塔。飞虹塔是迄今为止发现的唯一留有工匠题款、最大最完整的琉璃塔，被认定为“世界最高的多彩琉璃塔”。

图三 《中国古塔建筑艺术》邮票

飞虹塔塔身为楼阁式，全部由青砖砌成，底层周设回廊，南面入口处凸出双层龟须座一间，十字歇山顶，建造精致，比例和谐，犹如一座小型楼阁。塔身外部用黄、绿、蓝、紫等各色琉璃装饰，一、二、三层装饰最为精致，各层皆有琉璃出檐，檐下有各种造型独特的斗拱、倚柱、佛像、菩萨、罗汉、金刚、天王、花卉、盘龙、凤、虎、鸟兽等构件和图案，制作精细，彩绘鲜明，至今色泽如新。

从底层围廊顶上的琉璃瓦到二层以上八个主面的琉璃浮雕

悬塑的千百个构件栩栩如生，展现了匠人超凡的技艺，令人叹为观止。二层以上塔身外表全部镶嵌有琉璃仿木构件，各层檐下俱施琉璃花罩和垂莲柱，以及屋宇、楼阁、亭台、角柱、佛龛、花卉、人物、翔凤、狮、象等琉璃构件，一层一组图案，形式多样。

二层设平座一周，施琉璃勾栏、望柱，平座之上有佛、菩萨、天王、弟子、金刚等像。三层东、西、南、北四面施券拱门，各面正中有琉璃烧造的四大天王像，正南天王像两侧有明王驾龙琉璃像，正北则是大鹏金翅鸟居中，二金刚披甲跨兽胁侍两旁。四至十层各面均砌筑有佛龛、门洞和枋心，内置佛、菩萨、童子像，门洞两侧

图四 飞虹塔正南面一层回廊十字歇山顶阁楼

图五
飞虹塔西南面三层菩萨、二层天王琉璃像

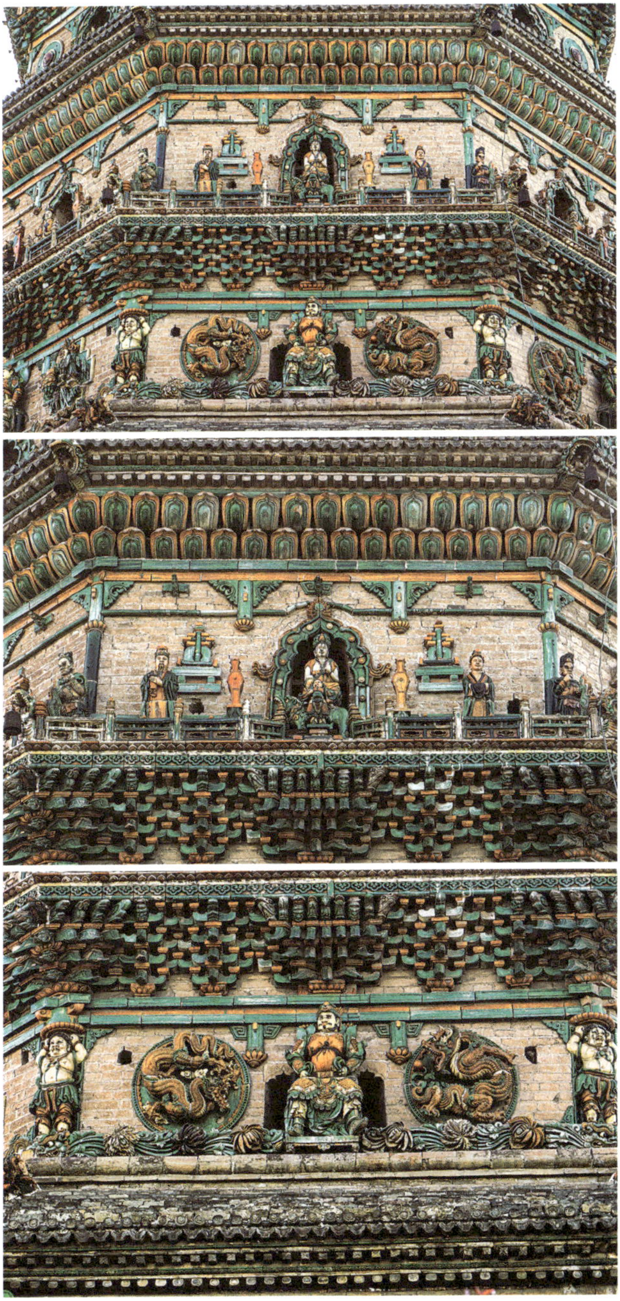

图六 飞虹塔正西面三层菩萨、二层天王琉璃像

图七 飞虹塔西北面三层菩萨、二层天王琉璃像

图八 飞虹塔正北面三层菩萨、二层天王琉璃像

图九 飞虹塔东北面三层菩萨、二层天王琉璃像

图一〇 飞虹塔正东面三层菩萨、二层天王琉璃像

图一一

飞虹塔东南面三层菩萨、二层天王琉璃像

图一二
飞虹塔东南面塔身外观局部

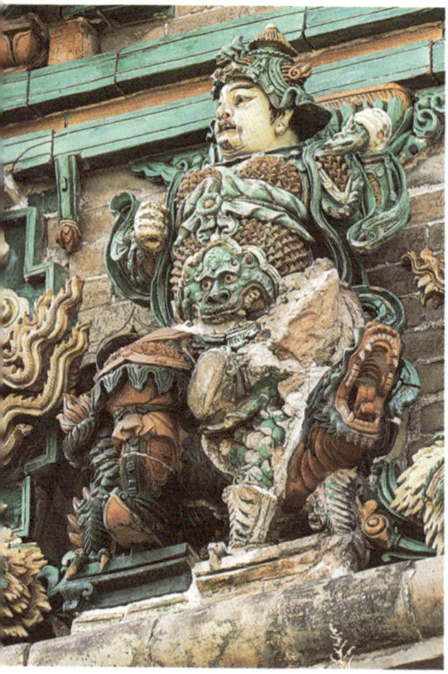
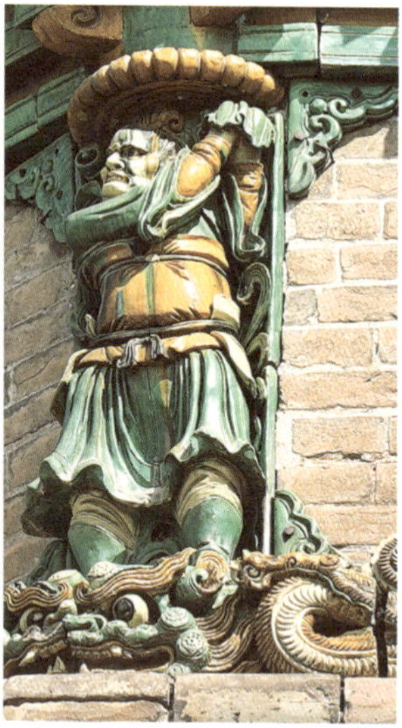
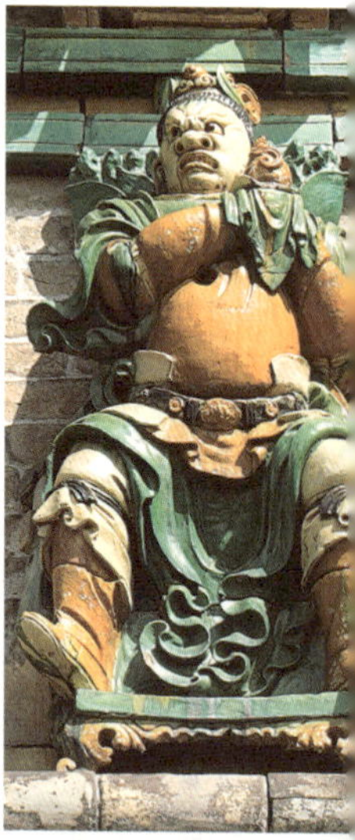
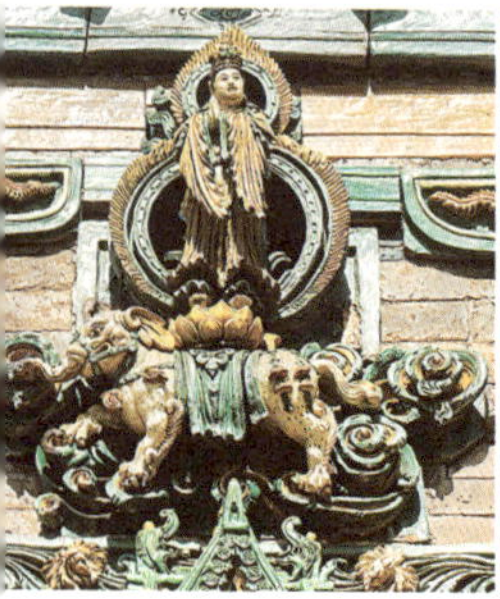
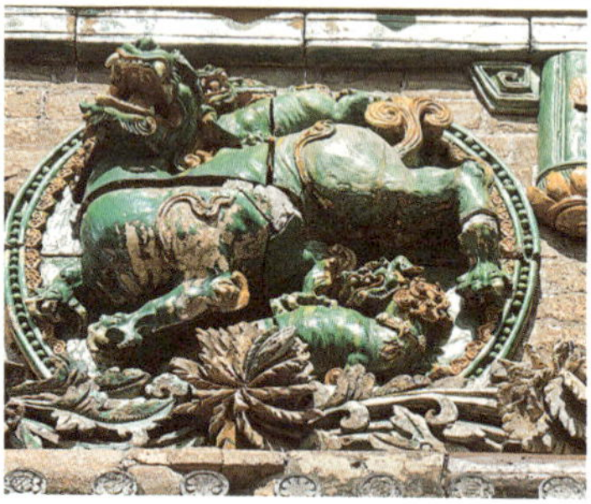
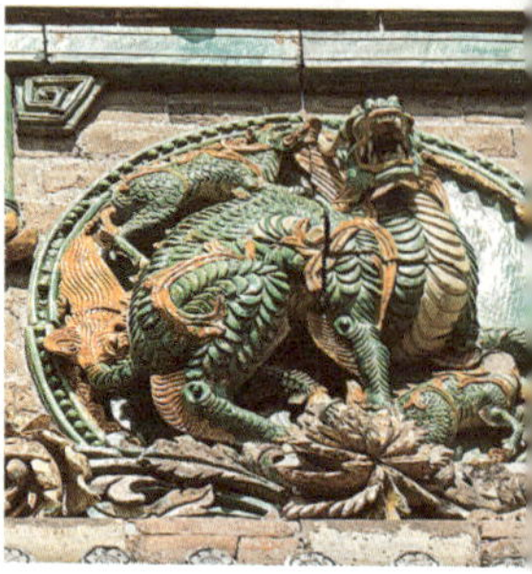

图一三
飞虹塔二至三层局部细节

图一四
飞虹塔塔刹

镶嵌琉璃盘龙、宝珠等饰物。

飞虹塔塔顶最高处为金刚宝座塔刹，正中为喇嘛塔形制，四周围建四座小塔，可谓“塔上加塔，塔中建塔”，塔刹再用八条铁链拉在顶脊上加固。塔刹本是印度传入中国的佛塔原型，经历代国人改造和中国化，借鉴了中国传统建筑的亭阁重楼形式后，塔身越建越高，添加了更多的中国文化因素，原来的印度佛塔被缩放于塔顶作为塔刹了。

飞虹塔塔身整体呈平面八角形，共计 13 层，通体高 47.31 米。塔体轮廓线不是魏晋隋唐以来常见的柔和抛物线，而是一条直线，比较僵直，但铺满全塔的琉璃贴面反映了山西民间高超的琉璃烧造技艺。整座琉璃塔在阳光的照耀下，赤、橙、黄、绿、青、蓝、紫，胜似道道雨后彩虹，称其为飞虹塔，可谓实至名归，名不虚传。修建飞虹塔的达连和尚，法号“飞虹”，冥冥之中更是一种难以言说的因缘巧合。

飞虹塔底层内铸有释迦佛祖铜像，铜像为结跏趺坐式，坐像通高 5.7 米，宽 2.6 米，重约 3000 公斤。与塔

图一五 飞虹塔远景

身同期建成，先入驻佛像后封顶，距今已有 500 年历史。铜像上方为八角琉璃藻井天花，分 3 层叠构而成，各层之间皆雕作斗拱。第一层绕周雕有 24 龛，龛内设殿堂，每龛以金刚像龙头分隔，第二层雕金刚 16 尊，每两尊以楼阁亭台相隔，第三层雕造 9 个龙头，会首于中心，寓意佛传中“九龙灌顶”。藻井中雕饰有勾栏、楼阁、盘龙、人物，其姿态不一，繁饰累巧，技术精湛。

图一六 飞虹塔塔底南门入口

塔内中空，有踏道翻转，可攀登而上，别具一格。在绕佛一周设置有壁内折上式阶梯，可逐层攀爬，但每升一级，则需转身一次，直到三级，每层皆设券门，可出塔外，此后梯式又有变化，直达十层，十层以上塔身中实不虚，无可攀登。塔内梯道较为狭窄，只容一人。阶梯为砖石所砌，建于塔壁本体。梯为“之”字形窄巷道，只能通过一个人。塔梯陡度为65°—75°之间。如若两人相随上塔，在塔梯“之”字折处，第一个人必须是先从第二个人头顶跳过，上至上一个坡度之上，第二个人才可能跟着上攀，其势十分险峻。凡登临者无不感到塔内梯道构思奇特、设计巧妙。

其实，在印度佛塔创建初期时，仅是佛家陵墓坟头，故为实心，甚至连佛像也不供，更不会有塔内梯道这种设置。后受希腊罗马文化之影响，有了礼拜佛像的行为。待传入中国时，佛塔已有放置佛像之设置。后来，单层塔渐变而为多层塔，底层供奉佛像，上层实心。但塔身愈高，人们登高望远之心愈强烈，便也不管佛祖在下、登高塔上对佛祖有所不敬等忌讳，只为满足“欲穷千里目”的心愿。这种对禁忌的打破，也体现了我国民众信仰的实用性和功利性，也是佛塔逐渐中国化的体现。

图二七
飞虹塔内铜铸大佛像与藻井

图一八 飞虹塔内大佛侧登塔木梯

飞虹宝塔不仅外观宏伟壮美，内部更有鲜为人知的奇异景观——塔中塔。二层建有藏式喇嘛塔一座，通高 3.5 米，小塔分为须弥塔座、塔身、相轮、塔刹四部分，造型古朴。塔身覆钵上正南面有火焰券门，小巧玲珑，别有洞天。这座藏式喇嘛塔是一个与大塔同一圆心的塔中之塔，当地曾流传有“飞虹塔、琉璃塔，塔上塔、塔下塔，塔驮塔、塔抱塔，肚里怀着塔娃娃”的顺口溜。由于“塔中塔”建在飞虹塔内藻井以上，也是飞虹塔内难得的景

图一九
「塔中塔」

观。再往上则随着层数的上升，面积逐渐缩小，高度也逐层降低。

20 世纪 50 年代我国琉璃专家陈万里到广胜寺考察，为飞虹塔建筑艺术所惊奇，认为这是“鬼斧神工”。1962 年，中国建筑科学研究院的王世仁来寺院考察飞虹塔的部件构造时，在塔身九层檐的莲瓣上发现了“匠人尚延禄、张连文、王述章造”的工匠题名刻字，而这几位，在当时都是享誉一时的能工巧匠。

飞虹塔特色装饰一览表

	元素	特色
首层	东面：白象驼莲台，普贤菩萨目迎东方； 西面：青狮驼莲台，文殊菩萨捧物西眺； 南面：隐于围廊二层阁楼； 北面：观音大士脚踏金毛犼，二金刚、众弟子立于两旁	以黄色宝莲加绿色立柱分割各面； 囊括飞凤飞龙天将和五重三色宝花； 屋檐八角，形制八组，104 只铜铎
二层	东南、西南、东壁、西壁：天王加琉璃团兽（东壁略不同：南立青狮，北腾麒麟，背向而望）； 东北、西北：天王加十字黄绿围框琉璃壁（东北壁二尊一送一往；西北壁两圣一迎一对）； 南壁：天王骑于青狮端坐凝神； 北壁：天王骑于兽背，两侧龙身	塔壁为青砖，其他皆琉璃； 宝塔八面各有天将环各壁有莲瓣檐头
三层	每面供奉一尊菩萨，形态各异，皆庄严肃穆，满是慈悲，菩萨两侧侍者、金刚侍奉； 壁龛上嵌宝花十枚，两侧底托流云，顶置碧色滚火珠	双层琉璃仰莲瓣，绿心黄边； 色彩以黄绿为主，鲜艳醒目
四层至十三层	前三层为菩萨境界， 其他各层为佛国诸天	琉璃饰品逐步简洁
塔内	南门入塔； 5.3 米铜铸释迦座尼坐像； 佛顶有琉璃藻井	佛像高大宏伟； 藻井构思奇妙，雕镂精细，色彩绚丽

（二）

国宝奇珍：广胜寺的“金藏”

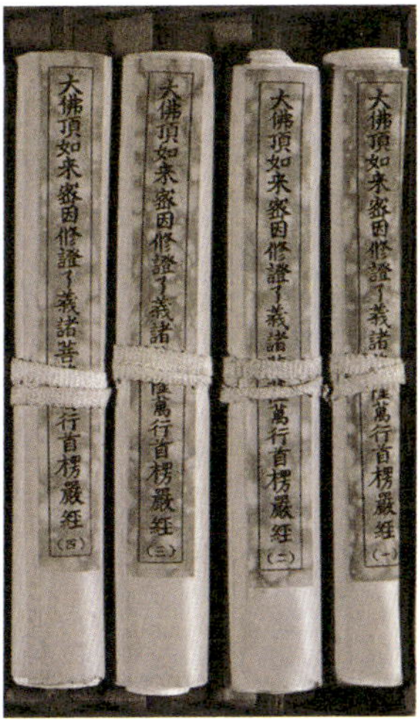

《赵城金藏》的前身

发现《赵城金藏》

雕印《赵城金藏》

抢运《赵城金藏》

修复《赵城金藏》

800 多年前，山西一位民女崔法珍断臂募缘刻经，开启了《赵城金藏》的传奇身世。

几十年后，我国第一部官版木刻汉文大藏经北宋《开宝大藏经》的覆刻本《赵城金藏》终于完工，现已成为国家图书馆“四大镇馆之宝”之一。

1933 年山西赵城县广胜寺发现的《赵城金藏》，不仅刻印年代早、留存数量大，而且行款与《开宝藏》相同，保留了《开宝藏》的面貌。

七七事变后，如此稀世国宝引起了侵华日军觊觎，一出“《赵城金藏》逃难记”被迫上演。

如果说飞虹塔赋予了广胜寺外在标识和独特气质的话，那么深藏于广胜寺大殿之中的《赵城金藏》则是广胜寺的灵魂所在。民国二十一年（1932）《赵城金藏》这一稀世珍宝的发现，可谓是石破天惊，震惊中国和世界佛教界，让世人将目光投射到山西南部这座千年古刹中来。

1933 年夏天，一批古老的大藏经在洪洞广胜寺赫然出世。经过学者们的研究，最终被认定这是一部缺乏文献记载，但却是现存诸多版本大藏经中最古老的一部，可谓孤本。然而遗憾的是，《赵城金藏》发现于一个危险的时间，抗日战争的全面爆发给它的安全保存蒙上一层阴影。1942 年 4 月 29 日这一天，一群荷枪实弹的日本兵闯进了广胜寺，《赵城金藏》面临着被掠夺的危险。自 1840 年起，灾难深重的神州大地上，难以计数的民族瑰宝被掠夺甚至被破坏。难道说这一部古老的大藏经、名副其实的稀世国宝，也将面临同样的命运？

一、《赵城金藏》的前身

佛经是佛家的法宝。古代中国人取经、译经、印经、讲经的事情很早就已经发生了。距今 2500 多年前，位于今尼泊尔境内的迦毗罗卫国王子乔达摩·悉达多创立了佛教。公元 1 年前后，佛教传入中国。到了公元 57 年，东汉明帝即位。有一次，他做了一个奇怪的梦，梦见一个身材高大的金人，头顶放射着白光，降临在宫殿中央，明帝正要开口询问，那金人却又腾空而起，向着西方飞去。梦醒后，明帝百思不得其解，向大臣们询问，有人告诉他说，金人就是西域的佛陀。明帝因此派使者远赴天竺，求取经书及佛教教义，并于洛阳修建了中原第一座佛教庙宇——白马寺。自此，佛教开始传入中原。

与另一个主要传播地印度不同，佛教一进入中国，就开始了由皇室官方组织主导的相对严谨且成制度化的佛教典籍翻译阶段。随后的数年间，天竺西域与中原两地之间传经、取经的高僧络绎不绝，涌现出如法显、鸠摩罗什、真谛、达摩等高僧大德。到了唐朝，玄奘大法师更是遍行天竺数十国取经，将印度佛教的主要经典悉数带回国内，归国后又长期从事梵文佛经的翻译工作。于是当后世印度佛教没落甚至消亡时，中国翻译和收藏的佛教典籍，即人们俗称的大藏经，也就成为最全面和最完整的佛教经典。

大藏经也叫“藏经”，是中国古代对所有佛教典籍的总称。佛教有“三藏”“三宝”之说，“三藏”指的就是包括经藏、律藏、论藏在内的诸多佛教经典。经藏记载的是佛陀所说的要义；律藏是佛所制定的教徒生活规则；论藏则是后来的高僧大德对佛教经典的议论和解释。在佛教中，佛、法、僧被称为“三宝”。佛宝特指成佛的祖师释迦牟尼佛；法宝指包括经藏、律藏、论藏三藏在内的所有佛教典籍；僧宝则是指依佛法修行的出家人。这样一来，为了能够拥有完美的佛门“三宝”，不留缺憾，古往今来众多佛教寺院都在积极完善各自所藏经书，以求完整。不过受时代条件所限，印制经书是需要耗费极大财力、人力和物力的，不像今天人们可以找印刷厂或者复印店很简便地加工、复制。我们知道，在唐代以前，佛经大都是手抄本。五代以后，佛经刻本开始大量出现，这是因为自唐朝发明雕版印刷术后，这项中国古代的伟大发明一开始并没有被广泛用于印刷儒家典籍，而是更多地被应用在印刷佛教经文上。

1966 年，西安市西郊出土的、目前所知最早的雕版印刷品，就是一页刻印于公元 704—751 年之间的雕版梵文陀罗尼经咒。比此经文稍晚，现收藏于英国大英图书馆、号称最早的标有年代的雕版印刷品，则是公元 868 年，一位名叫王玠的人为其父母雕印的《金刚经》。到了北宋开宝四年（971），宋太祖赵匡胤直接下令，在雕版技术最为发达的成都刊印今人所称的《开宝藏》，此举耗时 22 年，经文内容多达 1076 部、5048 卷，雕版 13 万块之多，是早期世界印刷史上的一件盛事。此后，中国历代甚至朝鲜、日本和东南亚各国都开始雕印不同版本、不同文字的大藏经。其中比较著名的，包括明代的《洪武南、北藏》《永乐南、北藏》《万历藏》以及清乾隆时期的《龙藏》。尽管版本丰富，刊印数量惊人，收藏和保存经藏的寺院也很多，但许多大藏经还是因为种种原因先后湮没在了历史的长河中。到了清代中晚期以后，除了一些寺院里还收藏着一些明代的大藏经以外，就只有乾隆版《龙藏》还保存着经版，其他的经书多已不存于世了，刻印经书的经版也无踪迹可寻。人们遗憾地发现，历史上虽然刻过多部大藏经，但是宋元版的大藏经却一部也没能保存下来。

综上所述，历代雕版印刷大藏经的鼻祖《开宝藏》是由官方主持刻印的中国第一部完整的木刻版大藏经，原有6000余件，如今在世界范围内只剩下12号13件。据学者研究，宋、元、明、清各代刻版的大藏经大部分都散佚了，要研究《开宝藏》，只能借助"血缘关系"最近且保存相对完备的《赵城金藏》。与《开宝藏》相比，《赵城金藏》是中国北方第一部私版的大藏经，从此以后官版和私版的大藏经在中国历史上就层出不穷了。

二、发现《赵城金藏》

尽管如此，佛教界人士和佛教信徒们找寻早期版本的经藏，尽可能补齐经藏的努力却一直没有停下脚步。20 世纪 30 年代就曾在西安发现《碛砂藏》。《碛砂藏》因该经书刻版雕印之地是坐落在苏州甪直古镇澄湖之畔的碛砂延圣寺，故名。这个寺院始建于南朝梁（502—557），距今已有 1500 多年。南宋嘉定九年（1216），当时木版雕刻技术已经有了很大的发展，木雕版本的经书逐渐代替手抄本经书，由此也带动了民间私刻佛教经典之风的兴起。南宋理宗绍定二年（1229），碛砂延圣寺僧人清圭、清宇等人在寺院北面建一经坊，计划在此雕印大藏经，并在当地官吏赵安国居士的倡导下开版雕刻《碛砂藏》。陕西省图书馆特藏文献部主任杨居让先生指出："《碛砂藏》是宋代以后刻印的五部佛藏中的最后一部，从宋到元共经历了 107 年才刻印完。全书共 6362 卷。"

然而，这部具有重要版本和研究价值的大藏经直到民国时期才渐渐为世人所知。1931 年冬，上海的一批僧俗佛学者，在陕西省西安市开元寺和卧龙寺发现南宋至元刊本汉文大藏经——《碛砂藏》。《碛砂藏》一时被佛教界视为稀世珍宝。同年，著名佛教人士朱庆澜、叶恭绰等人组织成立“影印宋版藏经会”，筹划影印宋元版《碛砂藏》，目的是编纂一部以宋元古本为底本、具有完整体系的佛教大藏经，以便流通。然而，他们在编辑过程中却无奈地发现，即便以开元、卧龙两寺的收藏本配补，也难以凑齐一部完整的大藏经，尚有不少缺卷，于是只好选找其他行款相同的大藏经配补。为此，担任影印宋版藏经会常务理事的范成法师便前往晋陕豫各地寻访古经。他身着破衣，经战乱区，冒险赴山西解州的静林寺、华州的观音寺、博爱的月光寺等地，均无收获。

1933 年春，范成法师在西安见到一位刚从山西朝拜五台山归来、法号性空的老和尚，从他那里得知“晋省赵城县太行山广胜寺有四大橱古版藏经，卷轴式装订”的消息。范成法师即刻动身，再赴山西，先是在洪洞县城内的千佛寺得到 10 卷经书，上有“赵城广胜寺”字样，遂径直前往广胜寺，发现这里确有六大橱柜尘秽封积的

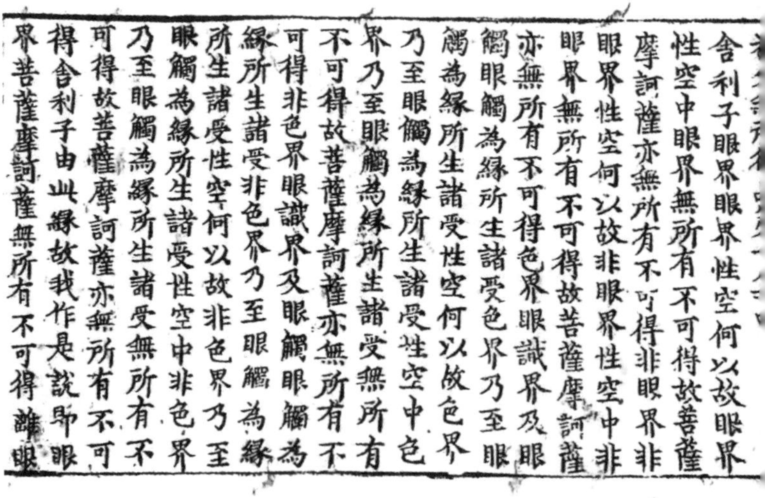
舍利子眼界眼界性空何以故眼界
性空中眼界無所有不可得故菩薩
摩訶薩亦無所有不可得非眼界非
眼界性空何以故非眼界性空中非
眼界無所有不可得故菩薩摩訶薩
亦無所有不可得色界眼識界及眼
觸眼觸為緣所生諸受色界乃至眼
觸為緣所生諸受性空何以故色界
乃至眼觸為緣所生諸受性空中色
界乃至眼觸為緣所生諸受無所有
不可得故菩薩摩訶薩亦無所有不
可得非色界眼識界及眼觸眼觸為
緣所生諸受非色界乃至眼觸為緣
所生諸受性空何以故非色界乃至
眼觸為緣所生諸受性空中非色界
乃至眼觸為緣所生諸受無所有不
可得故菩薩摩訶薩亦無所有不可
得舍利子由此緣故我作是說即眼
界菩薩摩訶薩無所有不可得離眼

图一 范成法师发现的有『越城县广胜寺』字样的经书

趙城縣廣勝寺

五千余经卷。范成法师喜出望外，立即着手整理，并发分函各处报告。范成法师的这一意外发现，轰动中外，消息传到北平，大家惊其为人间的孤本秘笈，津沪各报把此事称为“向所未知，而近日始发现”，“中外人士联袂摄履往赵城探讨者不绝”，“在从来出版之文献中，尚不知有此版藏经之学术界，乃成为一时甚为轰动事件”。范成法师在广胜寺按照他携带的《大藏圣教法宝标目》逐一校核整理，检阅工作历时 5 个多月方基本就绪。在校核整理期间，他还寻访附近农村，购回已散失在民间的 300 多轴散卷，使寺院存放的《赵城金藏》达到 5700 余卷。

范成法师之后，影印宋版藏经会理事徐鸿宝于 1934 年亦到赵城，与广胜寺住持明澈上人订立借约，以赠送广胜寺影印《碛砂藏》一部和借资 300 元为条件，选借其中可印之经，运至北平，在北平图书馆展出，供世人摩览，同时把《赵城金藏》中未曾传世的孤本经论典籍共 46 部 249 卷，由北平图书馆、三时学会和影印宋版藏经会，分别编为上、中、下三集，缩印成 32 开线装本 120 册，题名为《宋藏遗珍》，另有一部保存完好的《楞严经》亦由三时学会依原经原状影印 400 部，仍为卷轴式装帧，分藏各大寺院。当时胡适先生曾评述说：“这是影印《碛砂藏》

图二
广胜上寺弥陀殿内存放赵城金藏的红色木柜

图三

广胜上寺弥陀殿（赵城金藏最初存放处，最前面的塑像为参与保护金藏行动的力空法师铜铸坐像）

的一个副产品，其重要性可能不下于《碛砂藏》的本身。"

南京支那内学院，根据《赵城金藏》零本勘定其为金元故物。为详其究竟，我国著名佛学家欧阳竟无于1934年9月委派其高足蒋唯心前往广胜寺作进一步探访。蒋唯心于9月29日由南京出发，渡过长江，10月1日抵达黄河潼关渡口。当时正遇阴雨大风。10月3日晨，他冒险登舟，舍命强渡，不幸失足落水，耳目皆着泥沙，眼睛疼痛难忍，是午到达风陵渡车站，4日到达临汾，5日到达广胜寺。他来到寺院后，在住持明澈上人的关心支持下，检校经书40天，阅完尚存的4957卷《赵城金藏》经卷，判定和区分兴国院刻本和元初弘法寺补雕本，旁及万历、雍正两次补抄藏经之事，依据广胜寺的建置与历史沿革等情况，考证《赵城金藏》的发起、雕刻刷印与补雕的史迹，并对照《高丽大藏经目录》，参考《至元法宝勘同总录》，编定《赵城金藏》简目，写成1.5万余言的《金藏雕印始末考》一文。1934年12月，该文发表于南京《国风》杂志第五卷第十二期，1935年1月，南京支那内学院又单印发行。按照蒋唯心这篇

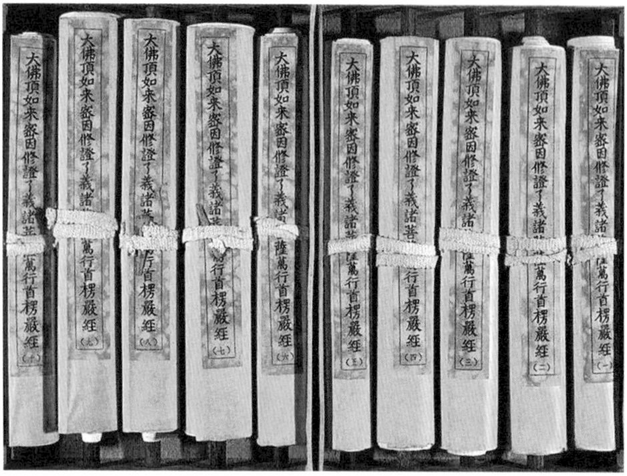

图四 国图修复后《赵城金藏》书影

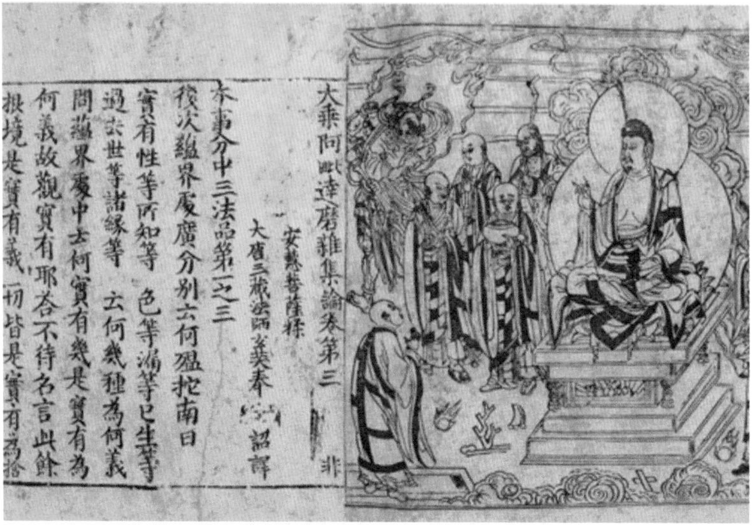

图五 《赵城金藏》之『释迦牟尼为须菩提长老说法图』

文章的考订："此经原刻自皇统八九年至大定十余年，前后约三十载，以晋西南隅为中心，由私人募资，于天宁寺开雕大藏经版会刻成之，固毫无疑义。今正其名为'金藏'可也。"

自此，这部尘封数百年、具有重要史料价值的《赵城金藏》进入人们的视野。蒋唯心的文章考证"严谨详审""思想入微，搜剔得间""纠正日本人纰缪尤为切要"，对《赵城金藏》的历史价值做了正确评估。崔法珍"断臂刻经"之说就出自蒋唯心的考证。蒋唯心的发现，举国震动，他也是首位提出这套古藏应定名《赵城金藏》的人，贡献巨大，功不可没。至今，凡致力于《金藏》的研究者，都不能不重视蒋唯心的贡献，不能不读蒋唯心的这部专著——《金藏雕印始末考》，蒋唯心才是《金藏》的真正发现者。他的发现，奠定了这部藏经真正的学术地位和文物价值。

《赵城金藏》是我国历史上第一部官版木刻汉文大藏经《开宝大藏经》的覆刻本。覆刻是古籍版本学上的一个专用名词，又称为翻刻。《金藏》就是以开宝大藏经为底本，照依底本原样翻雕印制，除了可以改变字体以外，其他如行款字数、版框大小、边栏界行、版口鱼尾等，都不能随意改变。赵城金藏的价值就在于在开宝大藏经亡佚无存的情况下，依照宋代官版大藏经模样翻雕印制的这部佛经就成为绝世独立的孤本秘籍，价值连城。著名国学大师任继愈曾指出，《赵城金藏》已超越“国宝”，属世界文化遗产。

《赵城金藏》采用《千字文》次第编目，自“天”字起，至“几”字止，共 682 帙，1379 部 6943 卷，每卷约 7000 至 10000 字，全部经卷约 6000 万字。经卷为卷轴式装帧，每轴由若干版黏合成卷。绝大部分版式为每版刻字 23 行，行 14 字，有上下栏单线。版头刻经名、卷次、版次和千字文编号小字一行，系作黏卷时不致错乱之用。之所以说《赵城金藏》是以《开宝藏》为依据的覆刻本，是因为其部分经卷中尚留有开宝、咸平、天圣、诏圣等北宋年代雕造、刷印和其他题记，除此之外，也还杂有少数别种版本在内。《开宝藏》的标准版式，虽为每版 23 行，行 14 字，但咸平以后入藏的宋代新译经、律、论、疏释、杂著等，也有不遵循标准版式雕造的卷册，每版 15 至 23 行，行 10—16 字不等。《金藏》版片在元代曾进行过两次补雕。第一次是在元太宗窝阔台执政时期（1229—1241），由于经历战乱之后，经版损毁严重，由中书省耶律楚材倡导，补雕版片达全藏的四分之一。从现存卷册中各类题记来看，这是一次规模甚大、组织严密、分工精细的补版活动。第二次补雕系在元代建立国号后的至元二十四年至二十六年（1287—1289）。这次补版，主要是由于元代信仰藏传佛教，忽必烈对汉藏传译不同有所怀疑，需要做一番较为细致的比勘校释；另一个重要原因是，忽必烈认为弘法寺所藏《金藏》版片，需要校正补充作为官方版本，以便当作礼品，赠送给信仰佛教的邻近外邦。《金藏》补雕，多为各路僧人任雕工，山左僧多补雕前半部分，山右僧补雕后半部分，按缺卷计多寡，工量分配均衡。

参加补雕的僧人所在的寺院主要有北京路北京的传教寺；燕京路燕京的弘法寺；宣湞路的蔚州普勤山大明寺；河间路河间天宁寺、莫州彰善寺；益都路寿光方林院，临淄广化寺，即墨崇福寺，密州龙兴寺、资源寺，滕州大明寺，济南路胶东圆明寺；太原路太原惠明寺，文水寿宁寺，汾州治平寺，西河宝峰寺；平阳路潞州洪济院等。如此大规模地集天下僧人补雕《金藏》，气势雄伟，组织分工也非常严密，见于跋文者有监造人、调版人、管经人、刁字、教首等。元太宗、世祖相继补雕经版，一面印经颁发天下，一面任各寺入京自印，广胜寺《金藏》就是元世祖中统年间（1260—1264）由本寺印藏经会派遣僧人自印并装裱成帙的。崔法珍所刻《金藏》在金、元时期，或由朝旨颁扬，或由诸寺自行刷印，分布国中者，当非少数。据记载，元至元二十六年（1289）补雕工作完毕之后，当时就刷印了36藏之多。

广胜寺珍藏的《赵城金藏》，自蒋文刊印以后，更加受到国内外学术界和佛教界的重视。1936年，日本东方文化研究所曾派人到赵城考察过，要以22万元银洋收买这部藏经，遭到以广胜寺住持波罗和尚为首的寺院僧人以及护法居士的断然拒绝。后来，又曾有日本僧人专程来到广胜寺，以每市尺1元银元的高价收买《金藏》，未遂。

三、雕印《赵城金藏》

根据蒋唯心的考证，山西赵城广胜寺发现的古版经卷《赵城金藏》，是金代由民间劝募，在山西解州（今运城市盐湖区解州镇）静林山天宁寺刻成的。发起人是潞州（今山西长治市）女尼崔法珍。据说崔法珍善良贤淑却口不能言，17岁时邂逅一位老僧方得以治愈，开口说话，欣喜异常。后与家人赴寺致谢，得知老僧欲刻一部藏经，只是囊中羞涩无力刻印经书。崔法珍遂出门用刀自断左臂，开始了长达数十年在晋、陕之间的化缘苦行，最终感动许许多多的善男信女，筹足所需资金，其中施主多为村民、布衣，"施钱、施树、施缧、施布，倾其所有"，体现了民众虔诚和朴素的信仰。大约金熙宗皇统八年（1148），老僧挂念的藏经得以刻造，由"天宁寺开雕大藏经版会"负责，历时30余年完工。明代刑部尚书陆光祖（今山西五台人）在万历十二年（1584）所作《嘉兴藏刻缘起》中如此描述："昔有女子崔法珍，断臂募刻藏经，三十年始就绪，当时檀越有破产鬻儿应之者。”《永乐大典》记载为：“弘法寺在旧城，金大定十八年（1178）潞州崔进女法珍印经藏进于朝，命圣安寺设坛为法珍受戒为比丘尼。二十一年（1181）以经版达于京师。二十三年（1183）赐紫衣宏教大师。以弘法寺收贮经版及弘法寺西地与之。”《金史记事本末》也详细记载了崔法珍化缘雕刻藏经一事。

另有一说是崔法珍在广胜寺见到北宋开宝年间木刻版汉文大藏经《开宝藏》，爱不释手，后受命于广胜寺住持僧人祖美，着手复刻此经，历游晋陕各地，筹募经资始得刻成。据载，祖美乃大元中统年间（1260—1264）广胜寺住持，该经刻于中统二年，即1261年，是在元世祖大力宣扬佛教、刊印佛经颁发天下的时代背景下，广胜寺住持祖美在广大善男信女、佛教信徒的资助下，去燕京弘法寺自印而成，其印之初，皆为散页，再由燕京运回赵城，经庞家经坊黏合装裱成卷，并在每卷卷首加上广胜寺刊印《释迦说法图》一幅，开端刊“赵城县广胜寺”六字，遂有“赵城金藏”之名。

由于相关史料的缺失，长期以来，学术界一直将民国时期著名学者蒋唯心《金藏雕印始末考》中的记述“雕印金藏的发起人是金人'潞州崔进女法珍'，'倡成之者法珍一人而已'"奉为圭臬，相沿成识。然而，一个偶然的发现，颠覆了这一结论。

2001 年 6 月 25 日，绛县太阴寺被国务院列入第五批全国重点文物保护单位名单。当时的绛县文物旅游局为了配合《三晋石刻大全·绛县卷》的编印，对所有的雕刻碑文悉数予以断句抄录。在抄录《雕藏经主重修太阴寺碑》时，因为里面用了好多佛教用语，比较晦涩难懂，时任县文物旅游局局长的柴广胜让其古文基础较好

图六
大德元年《雕藏经主重修太阴寺碑》原碑

的儿子对碑文的断句、释义进行校验。其子反复阅读碑文后指出，按照碑文所记绛县太阴寺应是《赵城金藏》的雕印地。对于这一发现，柴广胜既觉兴奋又感震惊。为了尽快把这一振奋人心的消息传播出去，他将碑文抄录并翻译注解，写成一篇题为《〈雕藏经主重修太阴寺碑〉碑文探析》的文章在媒体发表。

时任大同市人大常委会主任的安大钧对故乡绛县十分关心，对于来自家乡的各类信息都比较留意。当他看到柴广胜的这篇文章后，欣喜异常。他立即把这篇文章传给中国社会科学院世界宗教研究所专家、《中华大藏经》主编人员之一的丁明夷先生，并与绛县有关方面联系，促成了丁明夷先生绛县太阴寺考察之行。2011 年 9 月 18 日，丁明夷专程赴绛县考察。在太阴寺前院西侧所立的这通高 223 厘米、宽 97 厘米的《雕藏经主重修太阴寺碑》前，最终确认太阴寺是《赵城金藏》毋庸置疑的雕印地。

这通立于元大德元年的石碑，如时空拐点处的广角摄像机，完整收录了三代僧人苦心接力雕印大藏经及太阴寺起落毁立的全过程。《雕藏经主重修太阴寺碑》碑记对《赵城金藏》的雕印地来了个石破天惊的倾覆：一是碑文记载，藏经募刻劝缘发起人为尹矧乃，推翻了民国学者蒋唯心关于雕刻金藏的发起人

图七
大德元年《雕藏经主重修太阴寺碑》拓片

是金人“潞州崔进女法珍”的说法，崔法珍为尹矧乃的弟子；二是《赵城金藏》的补雕和后期整理工作是在太阴寺住持慈云及其门人法澍、法满等主持下完成的，慈云也是尹矧乃的弟子；三是碑文记载了向朝廷献藏经的崔法珍曾是广胜寺住持，这就解开了藏经为什么会在广胜寺存放的谜团；四是碑文证实今天的晋南地区在金元时期是我国佛教文化重要的传播中心。

如今，人们走进太阴寺，总要在这通石碑前驻足，阅读其千字碑文，聆听这部旷世孤本的前世传奇，体味华夏佛教文化的博大精深。

雕刻完毕的大藏经在元世祖忽必烈中统年间（1260—1264）于燕京印刷，共计43部。其中广胜寺的这部《大藏经》，系元世祖忽必烈中统二年（1261）的补雕印本，该印本是由广胜寺首僧祖美为主的“广胜寺印藏经会”，在善男信女的资助下，派寺院僧人到燕京弘法寺自印的。其散页由燕京运到赵城，经庞家经坊黏合装裱成卷，并在每卷卷首加图画一幅，卷首刊“赵城县广胜寺”六字。范成法师发现此经本后，取“赵城县广胜寺金代大藏经”之意，故定名《赵城金藏》。

四、抢运《赵城金藏》

鉴于赵城金藏的重大历史和学术价值，学界多年来围绕这部孤本秘笈，开展了多角度多层次的研究，成就斐然。其中，1942 年八路军抢运金藏事件也是《赵城金藏》研究的一个重要组成部分。这一事件展示了日本侵华时期，国破家亡的战争年代，中国共产党人对保护好中华民族文化瑰宝所具有的远见卓识和使命担当。对于当时参与抢运经书的亲历者及其后代而言，也可以说是与有荣焉。

就现有研究来看，自 20 世纪 80 年代至今，围绕抢运赵城金藏事件公开发表的研究论文、资料集和当事人的回忆、口述等共有 20 种左右。2016 年中央电视台《探索发现》栏目播出了《赵城金藏》上、下两集纪录片，讲述了赵城金藏的前世今生。然而对于抢运金藏事件却语焉不详，且多有错讹之处。时下，有关抢运经藏过程的争论仍不绝于耳，令人莫衷一是。综合目前关于抢运《赵城金藏》事件的研究成果，大致包括三种观点，有些观点甚至可以说是截然对立，针锋相对。

第一种观点认为史健、李溪林领导了抢运行动，以李万里、李溪林等人为代表。李万里是时任太岳区二地委书记史健（又名李维略）的儿子。李溪林曾任赵城（河东）抗日民主政府县委书记。1987 年，李溪林撰写了《赴广胜寺抢运〈赵城金藏〉的回忆》一文，主要观点是：1942 年春，他接到史健命令，与赵城县游击大队队长徐生芳一起赴广胜寺，做通力空法师工作后，制定抢运金藏计划，由徐生芳率领县游击大队和赵城县委、县政府的干部和群众，连夜从广胜寺将经书搬运至县游击大队所在的石门峪，随后转运至安泽县亢驿村太岳区二地委驻地。他还说时任赵城县长是刘式，因故没有参加这个行动。李万里由于其父亲史健是这次抢运经书行动的总指挥，对于 1942 年这次行动的研究用力甚勤，做了大量的调查工作，访问了众多当时太岳二地委、赵城县委、洪洞县委的革命干部、亲历者和知情人士，先后发表了多篇考证文章。在文中，他认可并支持李溪林的说法，一是认为抢运经书行动中，史健和李溪林是地、县两级主要领导者，并非其他人领导；二是认为抢运经书过程中，有 7 名战士流血牺牲，并非不费一枪一弹。

第二种观点认为史健、杨泽生领导了抢运行动，以杨泽生、吴辰、刘骞、刘兰祖、赵跃飞、张广祥、李凭等人为代表。这些人当中，杨泽生曾任赵城县长，吴辰曾任赵城县委书记，刘骞曾任赵城县公安局局长。三人联合署名的文章中详细讲述了杨泽生接史健命令，带领赵城县游击大队队长徐生芳、公安局局长刘骞，与太岳二地委派来的部队配合运经的经过。当时杨泽生坐镇距离广胜寺10里的郭家节驮运站指挥，徐生芳领导游击大队和二地委部队负责外围警戒，刘骞等人负责现场指挥运经。知情者梁正、刘兰祖亦曾撰文支持此说，否定李万里、李溪林等人的观点，但是并未提供确切证据。赵跃飞在其担任由山西省档案局主办的《山西革命根据地》期刊责编时，曾收到杨泽生等3人的文章和来信，认为他们所撰写的《抢运"赵城金藏"纪实》比较权威地还原了抢运经卷的真实历史片段。张广祥是《洪洞县革命斗争回忆录》的编著者，他花费三十余年多方调查走访，记录了洪洞县革命斗争历史，对抢运经书事件尤为关注。

在该书中他详细记述了自己与抢运行动当事人杨泽生、吴辰、刘骞等关键人物采访、通信、通电、当面座谈的经过，保存了大量一手材料。他同样支持杨泽生实际领导抢运行动，抢运过程干脆利落，无人伤亡的结论。与前述研究不同，李凭站在事件另一当事人力空法师的角度，以力空法师个人撰写的年谱为主要资料，记述了力空在抢运经书过程中所起到的作用。其中最为重要的是，他指出力空为保护金藏安全，曾主动找杨泽生寻求帮助，之后配合了杨泽生领导的抢运行动。

第三种观点认为史健、李溪林、杨泽生共同领导了 1942 年的抢运经书行动。以洪洞县宗教科科长、地方宗教史研究专家扈石祥、张崇发的研究为代表。扈石祥的研究中参考了多方面资料，对抢运经书过程做了一个整体复盘，认为当时力空法师为防止金藏落入敌手，主动找赵城县长杨泽生商定抢运经书计划。为打消力空法师顾虑，县委书记李溪林曾派赵城县城工部副部长傅青菱前往赵城县征得赵城士绅同意将经书交给八路军运走。运经过程中，杨泽生坐镇郭家节指挥，徐生芳率领游击大队和军分区基干营一连一排战士负责警戒，一连二排、三排战士配合赵城游击大队教导员刘德裕、排长薛国范带领部分武装战士、机关干部及民兵百余人，一同进入寺内取经。扈的研究中使用了不少材料，且与当事人杨泽生等有书信往来，但仍然有不少未详加考订之处，比如其文中提到的李溪林和吴辰，说两人当时都是赵城县委书记，显然是错误的。不过，他对于杨泽生领导运经行动的事实持完全肯定的态度。张崇发的文章中指出，是史健下达命令给李溪林，由李溪林负责指挥县区游击队行动，杨泽生县长在郭家节村负责组织县、区干部约五六十人，从广胜寺往郭家村背经，然后再装到牲口驮筐中去，向山后转移云云。而前述李万里、李溪林的文章中，则完全否认杨泽生指挥抢运行动的事实，认为当时杨泽生还在岳阳县县长任上，不可能任赵城县县长，当时的县长是刘式，只不过抢运经书时，县长刘式恰好不在。

相比前两种观点，第三种观点显然带有调和之意，甚至有点"和稀泥"的感觉，把运经行动搞得复杂莫测，有些基本史料也未详加考辨，就直接当作真实材料使用，无助于廓清史实，还原真相。还应当看到，前两种观点事实上代表了作为历史当事人、亲历者、参与者对此事的两种完全不同的记忆和不同声音。孰是孰非，有必要进行一个客观公正评判。笔者以为，抢运经书过程中的有些问题，通过史实辩证是完全可以搞清楚的。有些问题，则由于年代久远，众说纷纭，包括一些当事人记忆上的前后矛盾等，已经无法彻底搞清楚。因此我们需要保持一个实事求是的谨慎态度，最大程度地进行史实还原。

上述三种主要观点之外，还有一些零星认识，比如赵跃飞在山西省档案馆曾看到一份题为《赵城县广胜寺佛经历年保管及转移运送情况》的毛笔手书件档案文献。该文撰写于 1949 年 5 月 23 日，其中关于抢运经书有这样的表述："佛经之转移运送，远在 1941 年朱总司令命令，太岳区地委机关也写有信，要搞这些佛经，随即派傅青菱同志完成转移佛经任务，该（傅青菱）同志即开始和寺内和尚力空接头，并跑到敌区和士绅们联系接头，经一个多月的时间说服动员，才算打通了士绅、和尚们的思想，和尚们才告诉了藏经的地点，然后才派二十五团于黑夜掩护，配合群众搞走，由县派牲口数十头，起运至一专署。"这份档案尽管属于事后记述，没有作者署名，但一定是了解事情经过的人员所写。该文重点讲述了傅青菱在运经行动中起到的协调作用，对于傅的上级领导、指挥和实施运经行动的人员和具体细节则缺乏描写，比较遗憾，除“1941 年朱总司令命令”“二十五团”与太岳军分区基干营一连的关系暂时无法考证清楚外，其余事实应该是客观真实的，也没有造假的必要。对于补充前述观点之不足和运经的完整过程有一定史料支撑作用。

结合档案、文献记载、当事人回忆和实地调查走访，我们对 1942 年八路军抢运赵城金藏事件的来龙去脉进行了详细考证，将事情真相还原如下：

1938 年 2 月以来，日军侵犯赵城，广胜寺遭受日军炮火多次袭扰，为保金藏安全，避免被日军抢掠，护法爱国的力空法师向赵城县长杨泽生寻求帮助，请求将赵城金藏转运出广胜寺，希望能平安运送到革命圣地延安保存。杨泽生向县委书记吴辰和太岳区二地委书记史健做了汇报，获准开展抢运金藏的行动。在与力空法师商定搬运方案，并通过赵城城工部副部长傅青菱联络赵城县士绅和广胜寺护法居士，征得他们同意后，力空法师始放心将金藏交由共产党领导的八路军和抗日县政府护送转运。抢运金藏时间发生在1942年4月25—28日之间，即赵城当地农历三月十八（公历5月2日）水神庙会前一个星期之内。为确保行动安全，太岳二地委书记史健命令军分区政治部主任张天珩安排抢运工作，张天珩派军分区基干营一连，由营指导员刘一新、副营长罗志友、一连指导员王万荣等人带队，与赵城县游击大队长徐生芳、洪洞县游击大队担任掩护和警戒。赵城县公安局局长刘骞率领赵城县干部和党员群众120余人进入广胜寺，在寺内僧人配合下，将经书转运出广胜寺，来回两三趟，徒步运往距广胜寺十里的郭家节驮运站。杨泽生县长在郭家节坐镇指挥，将经卷装满一驮启运一驮。经过一夜忙碌，顺利完成转移、抢运经卷任务，安全送抵安泽县亢驿村太岳区二地委驻地。抢运过程组织严密，未放一枪一炮，也没有被日军发现。力空法师和广胜寺并未受到抢运金藏事件的影响和牵连，事后也未遭到日军报复。在太岳区二地委、赵城县委县政府的周密策划和领导下，在力空法师的信任、支持和配合下，在赵城、洪洞县党员、干部群众、县游击大队的全力配合下，国宝级文物赵城金藏得以躲过战争劫难，在抗日烽火和日寇硝烟中，得以保全，此次抢运是中国共产党领导下的山西抗日战争中，发生在文化战线上的一场没有硝烟的战争，光荣属于伟大的中国共产党和中国人民。

在抢运赵城金藏的前前后后，无数有名、无名的英雄默默作出了他们的贡献，其中具有远见卓识的太岳二地委书记史健，赵城县长杨泽生，县委书记吴辰，县公安局局长刘骞，爱国抗日的力空法师，以赵城县游击大队队长、抗日英雄徐生芳为代表的县大队全体成员，赵城县城工部副部长傅青菱，太岳军分区基干营一连全体指战员，洪洞县游击大队全体成员，以及参加了抢运行动的所有党员、干部群众，都为保护赵城金藏这一中华民族的优秀文化遗产，作出了突出贡献。重新挖掘、书写这段历史，既是对他们的尊重，更是对历史的尊重。他们将火热的青春绽放在太行山上，他们才是共和国真正的脊梁，是激励无数后来者继续奋进的时代楷模和力量源泉。

《赵城金藏》被安全转移到安泽县亢驿村之后，由太岳二地委秘书长曾远负责安排暂时存放在机关院内的北房和西北房里。当时，正是抗日战争最艰苦的时期，物资相当贫乏，纸张尤为奇缺。二地委机关的个别工作人员不知道经卷价值宝贵，将经卷前头的空白部分剪下来订成本子使用。史健知道了这一情况后，痛心地说：“无知！无知！太无知了！这是宝物，很珍贵，怎么能这样对待！”经他提醒，《赵城金藏》经卷得到了妥善保护。《金藏》原计划马上转送沁源县太岳区党委驻地保存，因敌人发动了“五一大扫荡”，未及运走。反“扫荡”出发前，史健对大家讲：“保护好经卷是一件大事，每个人都要背几卷经。”他还宣布了一条纪律：“人在经卷在，要与经卷共存亡，人在而经卷不在者，回来要受党纪处分。”1942 年 5 月 12 日，日军又调集 3 万余兵力，向太行根据地进行大“扫荡”，实施杀光、抢光、烧光的“三光”政策。地委机关的战士及工作人员，在反“扫荡”战争中，背着经卷，在亢驿周围的崇山峻岭山区马岭、泽泉一带，与敌人周旋。反“扫荡”战斗结束后，方得把经卷送到沁源县太岳区党委驻地阎寨村，由太岳行署刘季荪同志负责接收保管。

1942 年 7 月 6 日，《新华日报（华北版）》以《赵城军民协力卫护佛家珍藏，抢出广胜寺古代经卷》为题，报道了这一消息：“赵城佛教圣地广胜寺为两千余年之古迹，藏有古代经卷 4700 余卷，为古代文化之珍宝。日寇占领赵城后，觊觎此巨

中華民國三十一年七月六日　新華日報　第一期　第四版

十八集團軍野戰政治部頒發緊急訓令
號召幫助羣衆搶種

戰時不忘生產
黎遼突擊拔苗

趙城軍民協力
衛護佛家珍藏
搶出廣勝寺古代經卷

覺悟現接「七七」
印發致日本士兵書

偽軍片斷

天主教叛徒王臣
歪曲教義進行特務

接頭後血的教訓
妄求苟安鑄成大錯

三言兩語

邊府關念民瘼
減輕災民負担

忠烈可風

血祭張紹先

爲追悼何雲同志

图八

1942年7月6日《新华日报（华北版）》第四版（中上）

经已久，近日设法盗取，为我当地军政民发觉，遂配合精锐武装，在该寺和尚协助下，于日前将该经全部抢救出来，此已转送边区政府保存。”

当时日寇骚扰频繁，沁源县也不是安全地方，为更好地保护《金藏》，由太岳区行署主任牛佩琮亲自派人秘密地把经卷运到山势险峻的绵上县（今沁源县绵上村），藏在一座废弃的煤窑里。绵上县的党政领导经常派人到窑洞检查，一发现煤窑下积水或顶部渗水，就把经卷搬出来晾晒。太岳区党委负责人兼部队政委薄一波，也经常直接派人前往煤窑检查。有一次，他派其秘书刘元璋前往煤窑查看《金藏》，刘元璋在途中与“扫荡”的日军遭遇，为保护藏经安全，把敌人引向相反方向，被日军逼入谷中，不幸遇难，为保护《金藏》献出了宝贵生命。就在这样以生命换取的保护中，《赵城金藏》在绵上县的煤窑里安然存放了 3 年之久。

抗战胜利后，晋冀鲁豫边区政府决定，将存放在绵上县煤窑里的《赵城金藏》，运交北方大学保存。因北方大学西迁，经卷启运到太行山区涉县温村后，就地存放在该村的天主教堂内。当时的北方大学校长是闻名全国的历史学家范文澜先生，他特地委派历史系教师张文教负责前往看管。张文教接受任务后，来到寄放《金藏》的温村天主堂，只见42个大木箱里，装着4000多卷经书，许多卷由于在煤窑里存放过久，受潮发霉，已经糟朽不堪。张文教深知《金藏》之珍贵，更加感到肩负责任之重大，他决心想尽一切办法救护中华民族的这一稀世珍宝。他知道受了潮的经卷，如果放到院子里经太阳晒干，纸质就变得发脆而易折，必须慢慢阴干。可是时已是深秋季节，气候渐渐转冷，仅靠在房内阴干，速度太慢。张文教同志唯恐经卷遭受损失，便毅然决定用火炕来烘干。开始，他跑到几十里外的地方，把木柴挑来烧炕，但因木柴火焰太急，容易损坏经书，就又改烧锯末。用锯末微火慢烘，效果很好，经书烘干后，他又在河北省涉县长乐村一户地主家里，找到一个通风干燥的小阁楼，便把经卷从温村天主教堂移到长乐村的小阁楼上存放。为了避免经卷磨损，张文教还用纸将经卷一卷一卷地包好。一天，张文教同志挑着担子来到报社，装上报纸已是傍晚时分，当他走到漳水的河滩时，遇恶狼挡道，他壮起胆子，机智地与狼群周旋，终于摆脱了险境。张文教挑着担子走到院子门口时，便倒在地上大口地吐血，这是因劳累过度，肺病复发了。组织上决定送他到后方医院诊治，《金藏》再次由太行行署代管。

1949 年 1 月 31 日，北平和平解放，华北大学文管会、北京图书馆等部门以及佛教界人士会商金版《大藏经》一事。经上级批准，电令太行行署将《金藏》运至北平图书馆收藏。1949 年 4 月 21 日，山西军管会收到华北人民政府教育部从北平发来的电报，电令派张文教同志把太行行署保管的金版《大藏经》运往北平。山西军管会负责人王中青即向张文教传达了华北人民政府的电令。张文教接到电令后立即动身前往涉县太行行署驻地，到涉县长乐村找到《金藏》，办妥交接手续，即刻着手运送。在张文教的护送下，尚存 4330 卷又 9 大包的《金藏》散卷，分装到 42 个箱子里，用毛驴驮到涉县火车站，然后从涉县装火车运到邯郸，再换汽车到北平。张文教到华北人民政府教育部汇报后，于 1949 年 4 月 30 日，将《金藏》经卷移交北平图书馆保存。《人民日报》于 1949 年 5 月 22 日头版刊登了新华社记者孙毅夫采写的《名经四千余卷运抵北平》消息。

星期日 中華民國三十八年五月二十二日

人民日報

解放社 新華書店 重要啟事

新兒女英雄傳 將在本報連續刊載

本報副刊徵稿啟事

東北行政委員會鐵道部 改組爲東北鐵路總局

我軍解放西安

與平武功醴泉乾縣相繼攻克

九江以西佔領瑞昌城

閩浙贛縱隊與大軍勝利會師

瓊崖我軍四月大勝

殲敵千餘拔據點四十多處

混郊與淅閩匪軍 千六百餘人投降

安陽人民勞軍祝捷

短論 趁雨突擊 保證全部秋苗下種

良鄉涞源等縣 雨後全力播種

太岳春田播種 完成十分之七

武漢復活的日子

保定慕路處 來平向毛主席獻旗

我某兵團指示全軍 向皖南游擊隊學習

產量增加

抗旱聲中 喜逢甘霖 平周昨降透雨

安次黏蟲 迅速撲滅

永清霸縣等地辦法 防救棉花乾芽

名經四千餘卷運抵平市

郭沫若在哈市歡迎會上 演講詞全文

图九 1949年5月22日《人民日报》（右下角）

五、修复《赵城金藏》

比起战争年代抢运和保护《赵城金藏》的惊险和艰难，几经辗转破损严重的《赵城金藏》的修复同样是一项异常艰巨的工作。从1949年到1965年，国家图书馆工作人员用了将近16年时间，才把馆藏4000余卷《赵城金藏》修复完毕。《赵城金藏》的修复，不仅使这部珍贵典籍获得新生，而且积累了丰富的修复经验，成为新中国古籍保护史上的一个里程碑。

战争年代《赵城金藏》几经辗转，能保存下来已经殊属不易，根本无力顾及修复。抢运金藏过程中，在阴暗潮湿的绵上县煤矿坑道中长达三年，暗无天日，受潮发霉，粉尘黏附，不仅外观看上去很黑，而且经卷纸张都粘连在一起，硬得像木棍一样。在入藏国图时，三分之二的卷轴已经发硬粘连，不能展开，修复难度极高。

由于粘连严重，修复《赵城金藏》的第一个步骤就是蒸。揭裱人员需要把经卷包上毛巾，外面裹上纸，放在特制的笼屉里，把卷轴竖着放在笼屉中，让它沾上水汽，但不能加盖子。蒸上一分钟左右，就要把经卷拿出，轻轻揭开最外层的纸。如果揭不开，还得再蒸一会儿，直到书叶全部揭开为止。此后就和修复其他卷轴古籍差不多，裁方、接纸、上褙、研光、裁齐、装天地杆等。

揭裱补修《赵城金藏》，还需要找到一种与《赵城金藏》用纸相同的广西棉纸。这种纸颜色发黄，与《赵城金藏》颜色一致，而且拉力、韧劲都很大，没有它，《赵城金藏》几乎就无法揭裱。1949年5月14日，解放不久的北平举办了党、政、军、文化、宗教等各界人士参加的《赵城金藏》座谈会。会上，张文教做了守护与护送《赵城金藏》的介绍，北方大学校长范文澜做了共产党重视文化遗产、在战争中保护国宝的报告。参加会议的巨赞法师深受感动，当即向参加会议的国家文物局局长王冶秋表示，愿意负责筹办裱修金藏的广西绵纸。事后，巨赞法师又得到著名爱国民国人士李济深的鼎力支持。二人给广西、广东佛教界写信，由当地佛教徒募捐，在广西买到数万张棉纸，直接寄给了北平图书馆，顺利解决了用纸问题。

揭裱《赵城金藏》是一项高难度的技术活，一般的揭裱工匠难以胜任。经过多方选拔，国家图书馆从北京琉璃厂先后请来四位经验丰富的揭裱能手，分别是“文艺山房”的韩魁占、“二友山房”的张万元、“宛委山房”的徐朝彝、“大树斋”的张永清。他们用小喷壶把经卷喷湿，再用针尖小心仔细地把粘成一团的经卷挑开，把薄薄的经卷剥成两层，让黑字留在其中一层上，然后裱糊在广西棉纸上，再用鬃刷将裱纸和经卷书面刷平粘牢，经过烘干、压平、剪齐等许多工序，最后把糟朽的经卷一一修补得整齐、牢固、美观。

揭裱修复《赵城金藏》期间，陈毅副总理和当时的文化部负责人齐燕铭、郑振铎等人特意前往北京图书馆视察，对《赵城金藏》的修复工作十分关注，并高度赞扬了同志们拯救国宝的辛劳付出。修复工作历经十余年，于1964年大功告成。1982年7月8日《人民日报》发表了《稀世国宝〈赵城金藏〉整修一新》的报道，接着于8月15日刊登《赵城金藏》修裱后的照片一幅。同样是在1982年，经国务院批准和拨款，投入巨大人力物力，以《赵城金藏》为底本，重编《中华大藏经》，按《赵城金藏》千字文编次的目录体系影印。2008年国家图书馆出版社整体原

佛說老母經　敢

僧祐錄云闕譯人名今附宋錄

聞如是一時佛在維耶羅國所止處名曰樂音時與八百比丘僧菩薩萬人俱時有貧窮老母来到佛所以頭面著地為佛作礼白佛言願欲有所問佛言善哉善哉當問老母言人生老病死從何所来去至何所色痛痒思想行識從何所来去至何所眼耳鼻舌身心從何所来去至何所地水火風空從何所来去至何所佛言人生老病死無所從来去亦无所至色痛想行識無所從来去亦无所至眼耳鼻舌身心無所從来去亦无所至地水火風空無所從来去亦无所至佛言諸法亦如是辟如兩木相鑽出火火還燒木木盡火便滅佛問老母言是火本從何所来滅去至何所老母報佛言因緣合會便得火因緣離散火即滅佛言諸法亦如是因緣合會乃成因緣離散即滅諸法亦無所從来去亦無所至眼見好色即是意

意即是色是二者俱空无所有成滅亦如是諸法辟如鼓不用一事成有人持桴捶鼓鼓便有聲是鼓聲亦空當来聲亦空過去聲亦空不從木革桴人手出合會諸物乃成鼓聲聲從空盡空諸所有万物一切亦如是我人壽命亦如是本際皆淨無所有從无所有因作法法亦無所有辟如雲起陰冥便雨雨亦不從龍身出亦不從龍心出皆龍因緣所作乃致是雨諸法无所從来去亦無所至辟如畫師先治板素却後調和衆彩便在所作是畫亦不從板素彩出隨其意所為悉成生死亦如是各各異類地獄禽獸餓鬼天上世間亦尒有解是慧者不著者便有老母聞佛言大歡喜即自說言蒙天中天恩得法眼雖身老羸令得安隱阿難正衣服前長跪白佛言是老母聞佛言即解何因緣智慧乃尒佛言大德巍巍以是故而即解是老母者是我前世發菩薩意時母阿難白佛言佛前世時母何因困苦貧窮如是佛言乃昔拘樓秦佛

图一〇 《中华大藏经》第19册第52页

样复制，发行出版《赵城金藏》，再现盛世佛学经典。

2016年3月起，山西省临汾市启动了为期五年的《赵城金藏》复制工程，运用现代科技结合传统工艺，对国家图书馆藏《赵城金藏》进行1∶1原貌复制，每卷复制3件，1件回归广胜寺，1件入藏临汾市图书馆，1件回赠出资单位及个人。

价值连城：广胜寺的“壁画”

广胜寺壁画精品

流失海外的壁画珍藏

壁画是最古老的绘画形式之一。原始社会人类在洞壁上刻画各种图形，以记事表情，便是流传最早的壁画。我国自周代以来，历代宫室乃至墓室都有饰以壁画；随着宗教信仰的兴盛，壁画又广泛应用于石窟、寺观（如敦煌莫高窟、芮城永乐宫等），至今仍大量保存着著名的佛教壁画和道教壁画遗迹。这些遗迹有部分已经被列入了世界文化遗产的保护名录，成为我们古代文明的见证。中国古代壁画主要有三种形式，分别是：墓室壁画、石窟寺壁画和寺观壁画。其中，寺观壁画是中国壁画的一个主要类型，绘于佛教寺庙和道观的墙壁上，内容有佛道造像、传说故事、图案装饰等等。这种绘画形式是随着道教的产生和佛教的传入而逐渐发展起来的，兴于汉晋，盛于唐宋，衰于明清，是中国绚丽多彩的民族艺术史上的重要篇章。

山西是我国中原地区佛教、道教活动最发达的省份之一，因此佛教寺庙、道教宫观等宗教建筑极为兴盛，而依附于这些寺观里的壁画数量之多、历史之久、艺术之精，均为全国所仅见。据初步统计，全省的寺观壁画达 27259 平方米，自唐至清，绵延不断，异彩纷呈。其中，佛光寺唐代壁画、大云院五代壁画是国内仅有的寺观壁画，开化寺宋代壁画、岩山寺金代壁画、芮城永乐宫道教壁画等等，都是中国古代壁画中的杰作，至今保存完好。在山西，由于地域多山，交通不便，加之民风古朴，宗教信仰氛围仍十分浓厚，故而当全国宗教影响减弱，文人墨画盛行时，其寺观壁画创作仍很兴盛。

一、广胜寺壁画精品

广胜寺壁画包括上、下寺元明时期的佛教壁画和水神庙元代壁画两种类型，其中水神庙元代壁画为学界关注较多，尤其是反映元杂剧的戏剧壁画，在古代戏剧史研究上具有重要意义。位于上寺和下寺殿宇内的佛教壁画则不为常人所知，民国时期文物贩子盗卖猖獗，广胜寺佛教壁画遭受了极大破坏。为全面展示广胜寺壁画的特点和历史，以下将按照广胜上寺明代壁画、广胜下寺元代壁画和水神庙元代壁画三部分分别加以呈现。

1. 广胜上寺明代壁画

洪洞广胜寺现存有约 415 平方米的元明时期壁画。其中，上寺壁画总面积 176 平方米，均为明代作品。保存完整、最具价值的当属毗卢殿弥陀佛和明正德八年（1513）的《十二圆觉菩萨像》。《十二圆觉菩萨像》位于毗卢殿的北墙（满墙都是）。所谓“圆觉”者，“一切有情皆有本觉，有真心常住清净，昭昭不昧，了了常知，约于果而谓之圆觉”。十二圆觉菩萨自右往左分别是圆觉、净诸业障、威

图一 圆觉菩萨像（右一）

图二

净诸业障菩萨（居中者）

图三
威德自在菩萨（居中者）

图四
弥勒菩萨（居中者）

图五
普眼菩萨（居中者）

图六
文殊菩萨（居中者）

图七
普贤菩萨（右一）

图八
金刚藏菩萨（居中者）

图九
清净慧菩萨（居中者）

图一〇
辨音菩萨（居中者）

图一一 普觉菩萨（居中者）

图一二

贤善首菩萨（左一）

图一三—图一四

图一三 上寺毗卢殿西壁八十八佛佛像壁画局部

图一四 上寺毗卢殿东壁八十八佛佛像壁画局部

德自在、弥勒、普眼、文殊、普贤、金刚藏、清净慧、辩音、普觉、贤善首，《十二圆觉菩萨像》即是描绘释迦牟尼讲述《圆觉经》时，回答十二位菩萨提问的画面，这些答案后来形成经典，代表了法门十二个修行境界。十二尊菩萨各有不同表相，成为佛教密宗派崇奉的对象。

此壁上的十二圆觉菩萨像，头戴华冠，项佩璎珞，腰系裙带，赤足踏于莲台上，身后及莲台下面皆用祥云衬托。诸菩萨像面相盈润，肌肤逼真，袈裟、飘带柔软贴体，神态俊俏娴静，姿色柔丽清逸。十二尊菩萨像绘于一壁， 其身姿、手印和面部表情各有不同。诸菩萨像的服饰线条尤为精丽。菩萨的冠戴、服饰分色线和墨线两种，几乎全部为铁线描画勾勒，根根有序，笔笔见功。有的菩萨像高达 2 米以上，衣纹、飘带毫无败笔与衔接之弊。

明清之际，大型人物画已逐见拙劣，较之而言，毗卢殿的《十二圆觉菩萨像》已属壁画中之精品了。诸菩萨像上承传统，在其造型和服饰方面仍沿袭金元风韵。壁画占据了整个后墙，由题记可知，为赵城县河西霍泽乡石明里杨氏众画匠于明正德八年（1513）所绘。

2. 广胜下寺元代壁画

下寺后大殿四壁原绘有《释迦牟尼说法图》和《善财童子五十三参图》近 300 平方米，均系元至大二年（1309）重修殿宇时的作品。现存的《善财童子五十三参图》为连环画形式，讲述了善财童子为求佛法真理，参拜了 53 位善知识（即智者），听受了种种不同的法门，最后进入普贤菩萨道场，成就佛道的故事。每参见一位善知识作一幅画，画幅之间用山川、云雾、建筑相隔又相连，整幅壁画布局缜密有序，形象描摹细腻生动，充满了元代佛教绘画繁复浓重的艺术风格。竣工后，精美绝伦的壁画成为当时广胜寺一大盛事，引来各地僧人参观。遗憾的是，因近代以来国破民穷，下寺壁画屡遭不良之徒和文物贩子的勾结盗卖，《善财童子五十三参图》中目前仅剩下 11 块残片，其中品相较好者仅有 6 幅，但从中依然依稀可以想见昔日完整生动的画面。

东山墙绘《释迦牟尼说法图》，面积 70 余平方米。此图中央的释迦牟尼结跏趺坐于束腰须弥座上，高大而

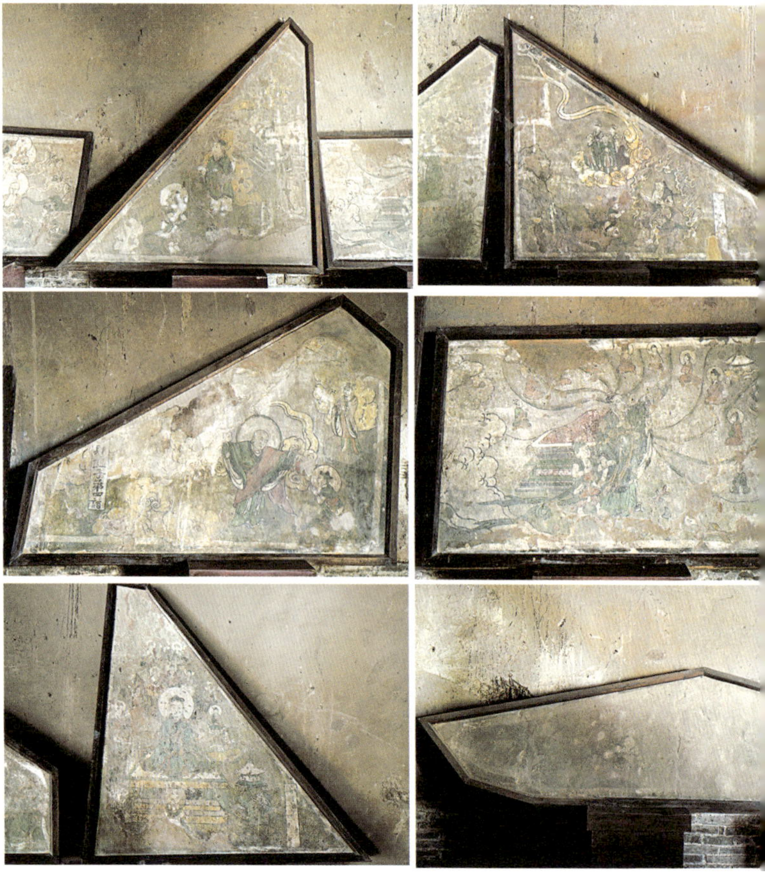

图一五 下寺后大殿《善财童子五十三参图》壁画残片

醒目。释迦牟尼身上的袈裟自双肩自然垂下，袒胸露腹，双目下视,面相圆润,肌肉丰盈,头饰螺旋髻,手施说法印，服饰垂落于莲瓣之内。释迦牟尼两侧绘有文殊、普贤二菩萨像。画像略小于释迦牟尼，呈半结跏坐式，单足下垂，踏于莲蒂之上。二菩萨头戴花冠，肩着帔帛，瓔珞垂于胸前，端庄凝视，娴雅自得。二菩萨像与释迦牟尼像之间绘制 2 位胁侍菩萨像，均手执幡杆而立。释迦牟尼像前又绘有 4 位供养菩萨。前两位作下蹲式，双手捧盘，呈供养状。其形体一正一侧，头部一昂一俯，自然而真切。后两位右手捧物，挺身而立，袒胸赤脚，立于莲台上，服饰富丽，飘带缠绕，神态自若。沿面外侧前隅有帝释、梵王二天，正侧身俯首作倾听状。其后有诸菩萨、众护法天王以及金刚、武士等像，前后交错，顾盼自如。图中诸像的面相丰满而扁平，与水神庙明应王殿北壁《王宫尚食图》《王宫尚宝图》中人物情态相近。

西墙绘的是《阿弥陀佛说法图》，面积 70 余平方米。此图有各类形象 21 个。阿弥陀佛像居画面中央，结跏趺坐于高大的束腰须弥座上，俯视下方，右手高举，左手食指微曲。阿弥陀佛像两侧的观世音、大势至菩萨像皆为坐式，双足垂下，踏在莲蒂上，悠闲自然。阿弥陀佛像与菩萨像之间有明王和诸天像四身，均手执法器，履行护卫职能。画面前绘有供养菩萨像两躯，分别捧花盘和莲蕊，冠戴华美，衣着合体，飘带披垂自然，俏丽之姿格外引人注目。在佛座前面有两个童子，为蹲式，呈天真活泼之态。另外，在观世音和大势至菩萨像外侧，还有胁侍菩萨、明王、诸天等像。或俊雅，或庄重，或勇猛，或威武，面相、神态、鬟髻、装束以及手执器物等皆不相同。

1928 年，美国文物贩子华尔纳、普爱伦等勾结下寺僧人和当地劣绅，将这些元代精美壁画，分块剥离偷运出国，现收藏于美国堪萨斯城纳尔逊博物馆和纽约大都会艺术博物馆。虽流入异国他乡 80 多年，依然色彩艳丽，极富质感。而广胜寺仅存东壁的 16 平方米《善财童子五十三参图》十余幅，经揭取修复，现珍藏于广胜寺内。

3. 水神庙元代壁画

与广胜寺壁画以佛教故事和人物为主题不同，水神庙壁画不仅体现了洪洞、赵城二县官民对作为地方保护神的水神明应王的宗教信仰，而且讲述了对当地社会发展产生重要影响的重要历史人物和历史故事。因此，欲了解水神庙壁画，必先了解洪洞广胜寺霍泉的历史。广胜寺霍泉是山西省著名的岩溶大泉之一，因位于赵城县境内的霍山脚下，故名霍泉，与历史悠久的洪洞广胜寺交相辉映。早在唐德宗贞元年间（785—804），霍泉即已得到较大规模的开发。宋代南北霍渠灌溉洪洞、赵城二县，三七分水的格局已经形成，6 万余亩土地受益。洪、赵二县民众在长期用水过程中，围绕霍泉的开发利用形成了完备的用水、管水制度。不过，宋金以来随着人口的增长和土地规模的扩大，人们对水的需求量增加，洪赵二县人对霍泉的争夺渐渐多了起来。到了金代，出现“洪赵争水，岁久至不相婚嫁”等现象。水神庙现存元代以来的水利碑文就记述了这一长期争水的历史过程，民间流传的“油锅捞钱三七分水”故事即源于此。元大德三年（1299），洪洞县发生 8 级大地震，震中就在广胜寺霍泉泉域范围内。地震不仅使上寺的舍利塔塌毁，寺庙建筑也遭受了巨大破坏，而且矗立在霍泉河畔的水神庙也损失巨大，

图一六　霍泉分水亭

南北霍渠毁坏断流，霍泉流量也在这次地震后骤减一半。

水神明应王庙在金元时期可谓命运多舛，先是毁于“金季兵戈”，后又毁于地震，两度重修，始成现在规制。现存元至元二十年（1283）《重修明应王庙碑》和元延祐六年（1319）《重修明应王殿之碑》对此过程记载甚详。比较两通碑文可知，霍泉南北诸渠民众在水神庙的两度重修过程中均用力甚勤，积极参与，起到了力量中坚的作用，反映了水神明应王对于泉域社会各用水村庄和民众的重要意义。尤其在经历元代地震打击，重修时，更是囊括了霍泉南北两渠所有受益村庄，无一例外。水神庙现存元代壁画就是这次修缮活动的结果之一。

明应王殿元代壁画是广胜寺现存壁画中的精品。因明应王殿殿身四壁无窗，仅前壁留一板门作为出入口，无光照之害，这种庙宇结构既给壁画的绘制留下了大量的空间，也有利于壁画的长期保存。水神庙壁画总面积222.59平方米，为元泰定元年（1324）当地民间画师所绘。壁画由两层黄土素泥抹成，底层的黄土麦秸泥厚约6厘米—8厘米，表层由黄土、细沙和棉绒均匀搅拌而成，厚约0.6厘米—1.2厘米，这种壁质构造对于长时期保存壁画的色泽和原有风貌颇为有利，是我国壁画的传统做法。

壁画布局则按不同内容情节穿插组合，绘满殿宇四壁。画面高达5米余，保存完好，色泽鲜丽。壁画内容完全属于民俗图，共计14幅。西壁5幅分别是《祈雨图》

图一七 水神明应王庙外观

图一八 水神庙明应王殿壁画分布图

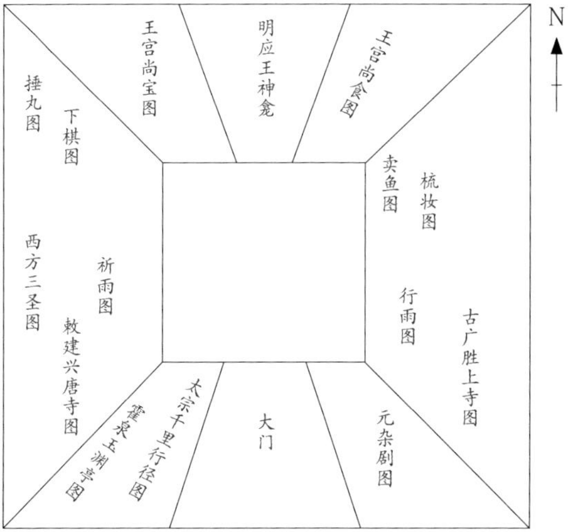

《敕建兴唐寺图》《下棋图》《捶丸图》《西方三圣图》；东壁4幅是《行雨图》《梳妆图》《卖鱼图》《古广胜上寺图》；北壁2幅，北壁西为《王宫尚宝图》，北壁东为《王宫尚食图》；南壁3幅，南壁西为《太宗千里行径图》《霍泉玉渊亭图》，南壁东1幅为《元杂剧图》即《大行散乐忠都秀在此作场图》。

14幅壁画布局得当，主次相辅，相得益彰。画家以我国传统的构图技法，巧妙地运用山、石、云、雾相隔、

图一九 水神庙大殿

相连，使每面墙壁构成一个层次错落的整体画面，把各种人物的衣冠服饰、社会活动、风俗习惯以及楼台殿阁、自然景物等，表现得形象逼真，是研究宋元社会的宝贵资料。其中尤以《大行散乐忠都秀在此作场图》广受赞誉，被视为广胜寺文物中的绝世瑰宝。这些壁画反映了民间祈望风调雨顺、五谷丰登的心理需求，也保留了当时社会生活的真实面貌，具有重要的艺术价值和史料价值，有研究者还指出，水神庙壁画是我国现存不以佛、道教为内容的壁画孤例。

水神庙的设立，本是为建立和维护当地霍泉的分水秩序，这一特点在水神庙的壁画中也体现了出来。明应王殿四壁皆绘有壁画，而东、西两壁便是分由南渠、北渠各受益村庄和信众共同出资绘制而成的。按照殿内壁画主题，可以分为四个组图。第一组是作为整幅壁画核心，主题是表现地方雩祭习俗，由《祈雨图》《行雨图》和《元杂剧图》构成。第二组是以宫廷生活为主题的图组，由《王宫尚宝图》《王宫尚食图》和《梳妆图》构成。第三组是反映元代官员休闲娱乐和市井生活的图组，由《捶丸图》

图二〇

《祈雨图》

广胜寺 · 伊洛竭涸 广降干旱 "祭图"

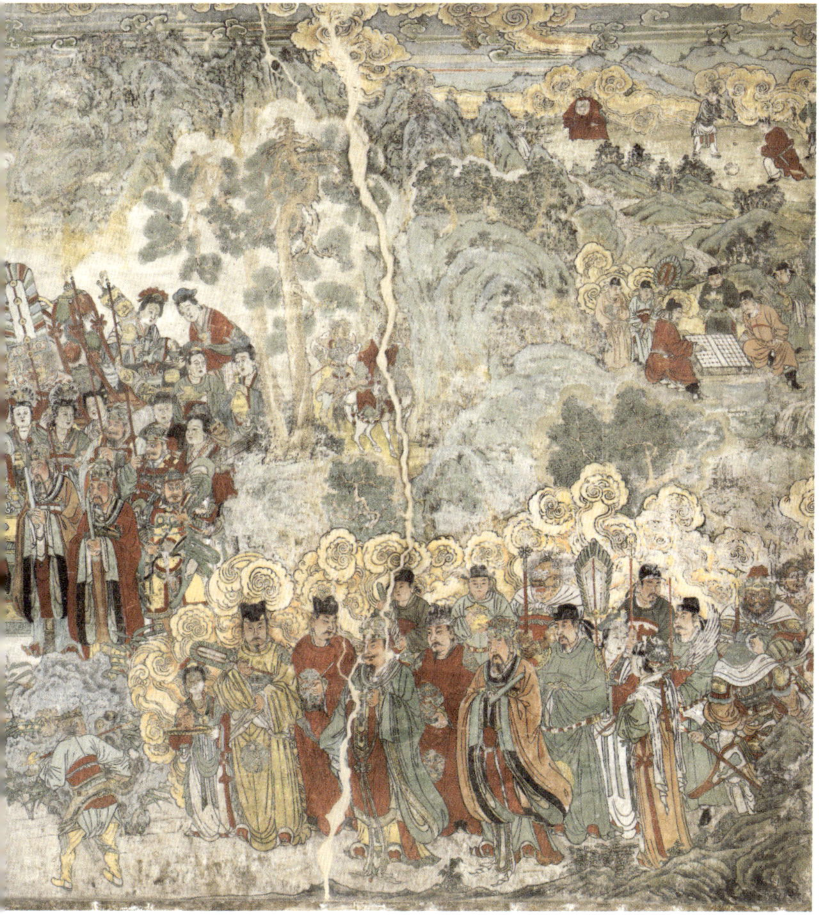

图二二 《祈雨图》局部

《下棋图》和《卖鱼图》构成。第四组与佛教信仰有关，由《西方三圣图》《古广胜上寺图》《霍泉玉渊亭图》《太宗千里行径图》和《敕建兴唐寺图》构成。

第一组：地方雩祭习俗图组。

一是《祈雨图》。《祈雨图》位于水神庙大殿西壁中央。图中明应王危坐正中，头戴通天冠，身着绛纱袍，脚蹬云头履，双目圆睁，正对画面，一脚垂放于地，一脚抬至半空。旁有4位侍臣站立，侍臣之后有护卫和文武百官，殿下左右各站立一名鬼卒，面目狰狞，令人生畏。其中左旁站立的黄发獠牙鬼卒，手执狼牙棒，似对明应王有所汇报。中间双膝跪地的是一名官员，手捧帛书，上有“清风细雨乾坤令”字样，正在恭敬虔诚地向水神禀报，祈求降下甘霖，纾解民困。明应王身后数名侍女，躬身忙碌，表情恭顺，或端盘，或拿瓶，或倒酒，随时做好准备。

高处有山川景物的描绘作背景。整个画面场面宏大，主题鲜明，描绘形象，细节生动。

二是《行雨图》。《行雨图》在大殿东壁中央。中间部位和西壁《祈雨图》一样画着水神明应王像，两幅画左右对称，旁列文武朝官，男女宾御。上部绘有分管雷击、闪电、呼风唤雨的 11 位水神，诸水神通过龙口，把雨降到人间。松针竹叶，随风雨的冲刷而折向一边，显示了雨水的丰沛。人们想象人间的降雨皆是由天神来掌控，因此，将这一及时而祥瑞的大自然气象归于神灵的恩赐。图中显示行雨完成后，诸神归位，明应王端坐正中，诸神恭敬站立，轻松和谐，殿下有孔雀、珊瑚等装点，尽显祥瑞。

三是《元杂剧图》。南壁东侧为著名的《元杂剧图》。这幅画图的上端，有“尧都见爱大行散乐忠都秀在此作场”大字的舞台横幅，“大行”或为“太行”之意，柴泽俊先生则认为是“大行院”或“大行首”之意。“散乐”是元代在晋南一带十分流行的民间娱乐方式，“忠都秀”是本次演出的台柱子。横幅大字右侧写有“尧都见爱”4

图二三
《行雨图》

保护文物 禁止触摸
禁止使用闪光灯

尧見

大行散樂忠都秀在此作場

泰定元年四月　日

《元雜劇圖》

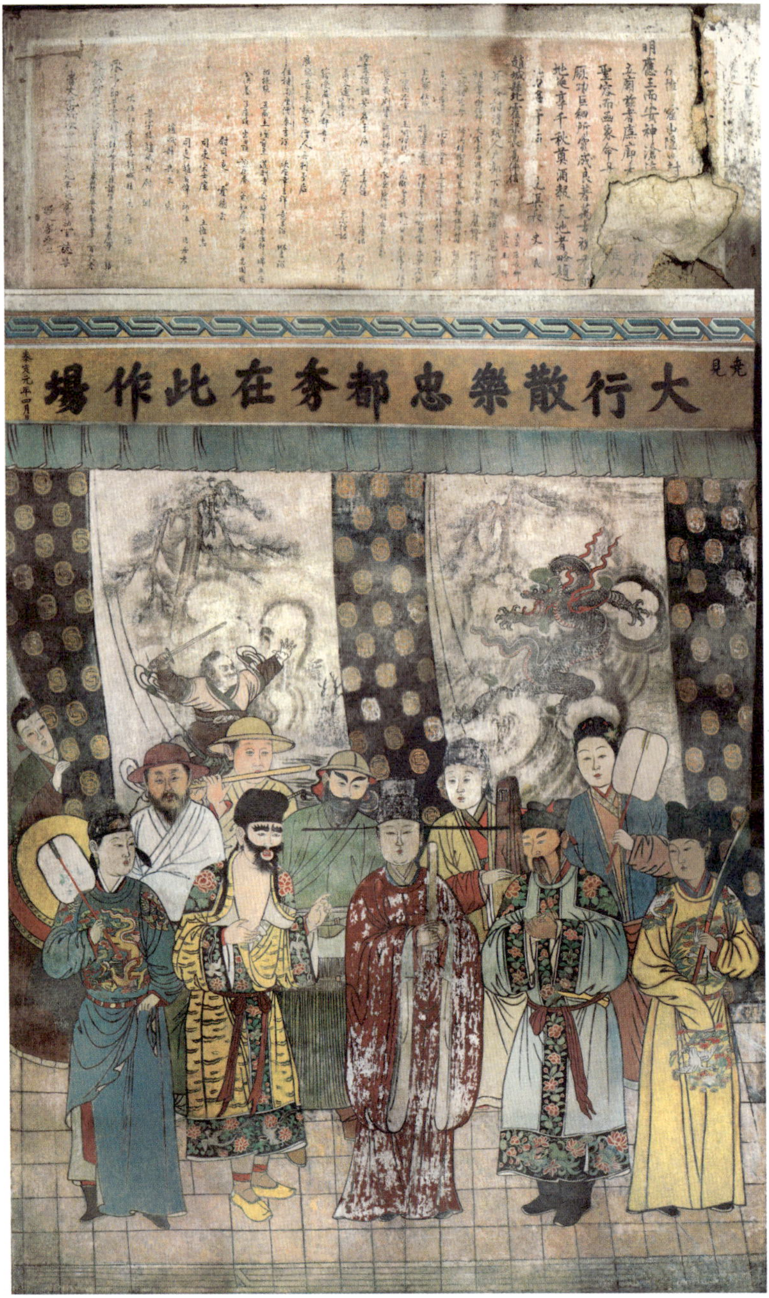

个小字，左侧写“泰定元年四月日”字样，泰定元年为1324年。横幅下面是一个民间剧团在登台作戏时的情景。

画中方砖铺地，幕幔悬挂，台分前后，以幕幔隔开，场分上下，共出现了11个人，7男4女。第一排正中一人，身着朱色广袖官服，头戴方顶直脚幞头，手执笏板，为一文官形象，此人即为主角忠都秀，本次演出系女扮男装，其人在当时盛誉一时，由此可得知当时男女同台、女扮男装已成风气。画面左二画粗眉、勾白眼圈，是后世丑角的形式之一。右二戴有假须。前排5人皆为戏曲演员，身着各式戏服，演出的行当，有生、旦、净、末等角色，使用的道具有刀、剑、牙笏、扇子之类。

第二排是乐队，伴奏乐器有笛、鼓、拍板等，身着元代服饰帽冠。反映了元杂剧的极盛情景。杂剧兴起本有一个职能就是酬神。这一时期，中国宗教逐渐世俗化，人们便把民间的杂剧娱乐献给神明，我国传统庙宇大多附带戏台，即是此历史现象的反映。而这一幅壁画，也正是泰定元年（1324）水神庙明应王殿重建完成，为庆祝暨酬神，特地将著名杂剧演员忠都秀请来唱戏的历史图像记载。当地习俗，演出开始前后，众演员及戏班全部工作人员一同上台“谢台”，向神灵鞠躬叩首，以求神明佑护百姓，有时地方官吏也会同时焚香叩首、鸣放鞭炮，遂留今天这一珍贵的“合影”留念。

这幅壁画的绘画技法非常娴熟，人物清逸生动，线条流畅有力，构图章法巧妙，其艺术价值极高，同时也是我国目前唯一面积最大、保存最好的古代戏剧壁画，为我们研究元代道教活动、戏剧、文化、体育、建筑、民俗提供了极为珍贵的历史资料。

第二组：宫廷生活图组。

一是《王宫尚宝图》。北壁供奉明应王神像的神龛左右两旁分别绘有《王宫尚宝图》《王宫尚食图》，是水神内府的想象画。《王宫尚宝图》位于神龛西侧。尚者，掌也。“尚宝”“尚食”即掌管王庭珍宝、食膳的官员，依制为女官，最高官职在元代属从五品，明永乐年间废止。《王宫尚宝图》中有侍女 6 人，或手捧花瓶，迈步前趋，或手托酒盘，回首端视。众人皆来往奉迎，忙碌不已。另有一戴冠褐衣者，双手端有朱漆方盘，内置仙桃，正欲摆置桌上。桌上琳琅满目，花瓶、酒器、坛罐堆满桌子。桌底还有一斗状箱子，内盛新鲜瓜果，以冰镇之，作解暑保鲜之用。画面背景两边挂起

图二四

《王宫尚食图》

帷幕，上绣团花，淡雅精致，点缀着之用，恰到好处。

二是《王宫尚食图》。神龛东侧是《王宫尚食图》。图中有6位侍女，各执不同器物，内盛美酒、糕点、仙桃，从屋外进来，绕桌徐步前行，有一男装者在前，手执长柄羽扇，应是后宫侍从。旁有二幼女就炉，一女蹴地左手持扇，右手以火杖掏炉底烧余的炉灰，促火炽烈；一女左手执壶梁，右手举袄襟掩盖颈项，以防飞腾的炉灰扑入头发中。地板为灰白相间方格式，甚至屋梁、布帷、侍女披帛上都点缀着各式花纹，构思精致紧凑，描绘入微细腻，展现了当时的社会风貌和艺术水平。

三是《梳妆图》。位于大殿东壁《行雨图》北侧，其左下为《卖鱼图》。画面上方是五位女性，个个面容饱满，体态圆润，服饰线条自然下垂，尽显雍容富贵。中间一位看似女主人身份，双手整理云鬓，若有所思。旁边两位侍女，一个双手端着水盆，一个手中持壶站立。右侧侍女左手端茶，右手拿瓶，恭敬站立，随时听候主人吩咐。左后方角落一个侍女右手擎盘，上面放着工整的手巾匆匆进来，动感十足。画面由四栏勾绕，栏板装饰祥云纹，有翠竹、花卉、

图二六八 —《梳妆图》

图二七
《捶丸图》

假山、古柏点缀其间，恬静优雅。

第三组：休闲娱乐、市井生活图组。

一是《捶丸图》。位于大殿西壁《祈雨图》北侧上方，其右下为《下棋图》。所谓“捶丸”，捶者，打也；丸者，球也。捶丸是盛行于宋金元三代的一种球类运动。这项运动的前身可能是唐代马球中的步打球。当时的步打球类似现代的曲棍球，有较强的对抗性。到了宋朝，步打球由原来的同场对抗性竞赛逐渐演变为依次击球的非对抗性比赛，球门改为球穴，名称也随之改称“捶丸”。《丸经序》载：“宋徽宗、金章宗皆爱捶丸。”元、明两代，捶丸进入鼎盛发展的时期。上自王宫贵族，下至平民百姓，都很喜爱这项休闲娱乐活动。元杂剧和元明时期的书画中多有记载。比如，明代画家杜堇绘的《仕女图卷》，就描绘有富贵人家妇女蹴球、弹琴、斗草、捶丸的活动。在《宣宗行乐图》中，明宣宗朱瞻基也亲自执棒，下场参与，足见这项活动的魅力。

最形象、最完整地反映当时捶丸活动情形的，正是这幅现存于水神庙西壁北上端的元代《捶丸图》。图中，于云气和树石之间的平地上，二男子着朱色长袍，右手各握一短柄球杖。左一人正面俯身做击球姿势，右一人侧蹲注视前方地上的球穴，稍远处有二侍从各持一棒，棒端为圆球体，居中者伸手向左侧击球人指点球穴位置。这是元代民间捶丸活动的真实反映。研究者认为，这是我国古代关于捶丸运动最早的图像记载，类似于今天的高尔夫球运动，是研究我国元代体育活动的重要资料，同时也为高尔夫球运动起源于中国的说法提供了直接证据。

二是《下棋图》。位于大殿西壁《祈雨图》北侧，其左上为《捶丸图》。整幅画面所占空间虽然不大，但内容却很丰富。画面中祥云飘浮，有山石嶙峋，有溪流淙淙，从左到右站立着四位侍者，一人右腋下夹着包袱，左手轻扶；一人双手执扇；一人双手恭敬捧茶一盏；一人胸前怀抱紧口水瓶。四名侍者虽然各有值守，目光都投向画面中的棋盘，一面服侍，一面观战。画面中央正在对弈的两位官员，全神贯注，左边红衣官员目落棋局，若有所思，右手举棋未定，右边紫袍官员已是胸有成竹，右手欲从盒中取出棋子，只待对方落子。画面中的棋盘看似既有象棋中的楚河汉界，又有围棋的影子。棋子分红、黑两种，更像是现代的围棋。壁画中的这幅古代官员对弈图为研究古代棋类娱乐方式的演化提供了珍贵的图像史料，对弈的具体规则和方法值得进一步研究。如果将西壁的《下棋图》和东壁的《卖鱼图》提取谐音的话，就是“下雨”之意。这个寓意和水神庙整幅壁画所要传达的向水神祈雨、龙王行雨联系在一起，就形成了一个清晰完整的话语表达。大殿南壁的《元杂剧图》则暗示着祈雨成功后献戏酬神，神人同庆的含义。

三是《卖鱼图》。在东壁《行雨图》北侧，其右上

图二八
《下棋图》

图二九
《卖鱼图》

绘有《梳妆图》。图中五位穿袍戴靴有胡须的人，均为男性，系掌管水神内府的食官，其中一位三绺须者正在执秤，秤上挂着三条鱼，对面躬身而立、满脸皱纹者为渔翁，老渔翁身着黄色布衣，脚穿草鞋，身后放置竹篓，应是刚打鱼过来。他仰面正视执秤人的眼色，耸颧解颈显出殷勤笑语乞怜的神态，左手伸出两根手指，也许在说鱼的价钱。渔翁的面容干皱黝黑与执秤人的饱满圆润形成了鲜明对比。另有二人目不转睛地注视于放于秤杆上的秤锤绳子，一为审查重量，二怕秤低重量不足的内心状态和专注神情，完全现于躯体动作的线条和寥寥数笔的面部轮廓上。其中一人还手捧朱漆托盘，摆放着鲜桃，正要往桌上放，桌上陈列着酒坛、酒罐、汤盆、铜碗、熏炉等日用器物。一些时鲜瓜果冷藏于桌下的白色方形箱子中。桌后有一英俊少年，捧盘列盅，恭恭敬敬地站在一位留络腮须的老者面前，听其讲话，青年凝神静听之态，刻画极细。而老者一手拿酒壶，一手空中指点，半身前倾，谈论气氛热烈。在霍泉旁边生活的洪洞百姓，捕鱼也是他们生活中的一部分，因此，整幅画面极具现实气息，是我们了解元代社会的珍贵图像资料。同时，“鱼”音同“雨”，画师将《卖鱼图》绘于《行雨图》旁边，表达了民众对雨水充沛、风调雨顺的美好期许。

第四组：佛教信仰图组。

此图组由《西方三圣图》《古广胜上寺图》《霍泉玉渊亭图》《太宗千里行径图》和《敕建兴唐寺五幅图》五幅图像构成。

一是《西方三圣图》。位于大殿西壁《祈雨图》正上方。西方三圣是佛教净土宗的专修对象，净土宗是中国佛教十大宗派之一，专修往生阿弥陀佛净土之法门，一心持名念佛，临命终时不受诸苦，得阿弥陀佛及大菩萨慈悲接引，往生西方极乐世界。水神庙《西方三圣图》位于《祈雨图》正上方，三圣穿红着绿，头顶佛光，脚踏祥云。正中者为阿弥陀佛，左右傍以观世音和大势至菩萨。阿弥陀佛是接引佛，又被称为“无量光佛”“无量寿佛”，代表无量的光明与寿命，接引无量苦难众生往生西方极乐世界。观世音菩萨代表大慈大悲，大势至菩萨代表“喜舍”，合在一起即为“慈悲喜舍”，指的是佛教里利他无我、令无量众生离苦得乐的四无量心。该图表现了当地官民在祈祷水神施云降雨时，西方三圣乘云而至的祥瑞景观。

图三〇
《西方三圣图》

图三一
《古广胜上寺图》

二是《古广胜上寺图》。这幅展现古广胜上寺的图位于大殿东壁《行雨图》右上角（东壁南侧上方），画面不大，却完整展现了古广胜上寺当时的概貌。此幅图的视角是从西向东描绘广胜上寺的，画中寺院的最右，即广胜上寺的南端山门，作重檐歇山式。进门正中即竖立一笔直高耸的幡杆，上挂一面红色幡旗，在雷公电母行雨时，随风扬起。红色幡旗置于蓝天白云背景之正中，使得画面布局饱满，色彩丰富。幡杆后面建一幢三层楼阁，为歇山顶，中层开阔无窗，以柱子支撑上层，在这一层中，清晰可见一青铜物件摆放中间，旁有红色柱子架起，据《平阳府赵城县广胜寺莹山主塔铭》记载，金天会年间（1123—1137），寺僧莹山在兴建寺院时，曾铸铜钟，重达万斤，应属巨大，存放场所亦不会狭小，而综合壁画中全寺院景观，此楼最为适合作钟楼之用。穿过此楼，即是元代所建舍利塔，塔制如今，为八角十三级。底层朱色木廊环绕，白色塔身四周散发出红白相间的佛光。草原民族尚白，这座宝塔的塔身涂以白色，正是当时佛塔的真实写照。其后的弥陀殿祥云缭绕，气势非凡。

再往后又有两间佛殿，中以走廊相连，第一排廊柱边还隐约可见一位僧人。二殿或散发佛光，或罩以祥云，佛家圣地之氛围

图三二 《霍泉玉渊亭图》

尽显。与如今的广胜上寺相比，元代寺院建筑中的山门、塔院院门更显宏阔，壁画中的山门为三重檐歇山式，而今只是单檐悬山式；壁画中重檐歇山式的塔院院门今已作单间悬山式垂花门，尚不及山门高大；塔后佛殿（今弥陀殿位置）四重檐十字歇山式，红墙绿瓦，巍峨壮观，而今日弥陀殿仅是单檐歇山式，不复当年情景；甚至壁画中最左侧的大殿，在大德三年地震也已倾圮不存。正是有水神庙古广胜寺壁画，使人们得以领略元代广胜寺曾经有过的繁荣气象。

三是《霍泉玉渊亭图》。位于南壁西侧上方，其下为《太宗千里行径图》。玉渊亭是宋、元时期的古亭榭，位于霍山脚下、霍泉北侧。画中的玉渊亭是一个红色的小亭子，四角有尖翼，檐下有一牌匾，上书“玉渊亭”三字。亭子下方有一股泉水喷出，水势汹涌，足见当时霍泉水量之大。如果此图写实的话，表明当时这个小亭子是建在泉眼之上的，与今日霍泉景观已大有不同。亭中可见一位文人和一位僧人正在闲坐交谈，通往亭子的阶梯上一位仆人端着茶水正前来侍奉。对岸泉水畔一位钓鱼翁，身披红衣，正在专心致志地钓鱼。身后树下端坐着一男一女两个少年，场景惬意、悠闲。山水有灵，霍泉周边风景秀美，亭榭精致，赏玩垂钓颇多意趣，是一个极为轻松雅致的场所。在整组壁画所构建的祈雨故事中，玉渊亭承载了人间愿望，泉源、亭台既是现实中可见之景，亦暗示了雨水之源。

四是《太宗千里行径图》。这幅图绘于殿内南壁西侧，其上方为《霍泉玉渊亭图》，描绘的是唐太宗千里之行，途经霍山，欲渡桥过河时，桥忽然断裂，无法通过，唐太宗遂拜而祷之，桥复显现，得以继续渡河前进的故事。画中有水自山间流出，河流上有一座形制古朴的拱桥。一位老者拄杖走在拱桥上，回头眺望。桥东有文、武官员各一。文官头戴展翅相帽，身穿绛色袍服，双手握笏板，躬身作拜别状。武将头戴缨冠，身着短甲，手捧大斧，拱手送别。在这两位文武官员身后，还有两个力士和一只黑猪。史书记载，因李世民在隋末行军至此时，曾与隋将宋老生激战，为取胜利，祈佛保佑，如战争得胜，愿在此地建一佛庙以谢神的故事。《赵城县志》记载："兴唐寺，唐太宗破宋老生后敕建……以酬恩赐嘉，名曰兴唐，殆谓唐之兴基于此也。"宋老生即宋金刚，系刘武周手下大将。李世民与宋金刚的雀鼠谷之役是唐王朝稳固山

图三三
《太宗千里行径图》

图三四
《敕建兴唐寺图》

西后方局势，结束隋末群雄割据混乱局面的关键一役。建于霍山的兴唐寺就是唐王朝建立后专门敕令修建的。水神庙壁画以此为题材，讲述的是发生在当地的、最具影响力的重大历史事件。关于这幅图中的人物和故事，过去研究者多解释说图中白衣老者是唐太宗李世民乔装打扮不愿惊动地方官员云云，笔者认为过于牵强。据《古今图书集成·神异典》记载：“千里径于州东三十里山下，霍山神引唐太宗攻霍邑之路也，中有土桥，太宗至此不能渡，及拜而祷之，桥遂涌出。”以此来看，图中红衣持笏官员应为当时尚未做皇帝的李世民，旁边武将应是随同他攻打宋金刚的官员。正是因为霍山神显灵，大军才得以顺利进军。因此，图中老者应为霍山神幻化之人形，向白衣老者作揖的正是太宗李世民和他的大将。此图中唯一存在疑点的是，红衣官员的帽子并非隋唐时代官员常戴的幞头官帽，而是宋代官员才有的长翅官帽。如果该图主题确为唐太宗的话，只能说明元代民间画师误将他们眼中所熟知的宋代官帽误作唐代官帽了，如此解释才可能令人信服。

五是《敕建兴唐寺图》。位于大殿西壁《祈雨图》南侧。这幅图与《太宗千里行径图》是同一故事内容，由于空间的原因，画师只好将其分为毗邻两部分进行表现。唐太宗李世民在建立大唐之前曾在此征战并取胜，为拜谢霍山神，在登基之后下令敕建寺院，赐名“兴唐寺”。《敕建兴唐寺图》正是表现这一内容，前有开道武士持书“大唐”二字旗，后有白马驮神龛，而朱衣肥马，伞盖华服者便是唐太宗，旁有两僧人陪同，后有文武百官前呼后拥，十分气派。《太宗千里行径图》描述的是唐太宗于千里径，拜祷霍山神得桥渡河的场景；《敕建兴唐寺》描述的是唐太宗曾在此处征战并获胜，为拜谢霍山神敕建“兴唐寺”。若将《唐太宗千里行径图》看成因，则可将《敕建兴唐寺图》看作果，二图遥相呼应，展示了这座寺庙唐代所拥有的荣耀时刻。

二、流失海外的壁画珍藏

在下寺后院东厢房的廊檐下竖立着一通立于民国十八年（1929）的《重修广胜下寺佛庙序》，碑文记述了后大殿珍贵壁画被寺僧和当地劣绅勾结西方文物贩子非法盗卖的荒唐历史，读来令人唏嘘。碑中写道："山下佛庙建筑，日久倾塌不堪，远近游者不免触目伤心。邑人频欲修葺，则因巨资莫筹而止。去岁有远客至，言

图三五
民国十八年《重修广胜下寺佛庙序》拓片

图三六 民国十八年《重修广胜下寺佛庙序》原碑

佛殿壁绘，博古者雅好之，价可值千余金。僧人贞达即邀请士绅估价出售，众议以为修庙无资，多年之憾，舍此不图，势必墙倾像毁，同归于尽。因与顾客再三商榷，售得银洋一千六百元，不足以募金补助之。”

正是因为这次“卖画募金”事件，导致广胜寺壁画流失海外，造成了难以挽回的损失。参与此事的僧人和赵城地方士绅不以为耻，反以为荣，将自己的倒卖壁画行径公然刻碑于石，以彰显他们对寺院作出的“独特贡献”，成为广胜寺近代历史上的一个笑谈，也为教育国人爱护祖宗留下的国宝文物，保护国家历史文化遗产提供了一个深刻的反面教材。

这起大规模倒卖壁画事件，是有其历史背景的。近代以来，社会动荡混乱，宗教信仰更是在西方文化的冲击下极大地衰弱，寺院颓废，僧人四散，各谋生计。政府无心修缮，寺院无钱维护。外国人趁中华民族危亡之际，巧取豪夺，掠走无数寺院珍贵文物。1928 年 2 月，美国人华尔纳、普爱伦、史克门等人，得知广胜寺壁画精美无比，价值连城，便以帮助修缮寺院的名义，欲将其掠走。

图三七—图三八

图三七
下寺后殿西壁《药师佛佛绘图》（现藏于美国纽约大都会艺术博物馆赛克勒大厅）

图三八
下寺后大殿东壁《炽盛光佛佛会图》（现藏于美国纽约纳尔逊－阿特金斯艺术博物馆）

下院住持贞达和尚竟然不惜将壁画流亡他乡的损失，同意了所谓“博古者”洋人的要求。时任赵城县长张梦曾以及当地乡绅卫竹友、许俊、贾绍康、李宗钊、张瑞卿、王承章等，也先后参与其中，与洋人勾结，最后以1600银元的价格将壁画卖掉。这批壁画共有4幅，包括前殿（即弥陀殿）和后大殿两殿东、西两壁的壁画。自此，在广胜寺存在了数百年的壁画被分块剥离，偷运出国。当时这些完整的壁画被切割成100多块，用了70多个箱子，仅后大殿东壁《释迦牟尼说法图》就被切割为38块，平均每块面积1.85平方米。这群无知者为使后人知晓他们为保护寺院作出的“贡献”，在卖掉壁画后，还特意在寺院竖碑勒石记其“义举”，结果成为他们倒卖文物的铁证。

20世纪30年代，这批壁画残片刚刚流出海外，即被移居在法国一个名叫卢芹斋的大古董商买下。但因壁画体量巨大、不易修复，众多私人收藏家兴趣不大。后几经辗转，卢芹斋以低价将后大殿东壁《炽盛光佛佛会图》壁画残片卖给了美国堪萨斯州的纳尔逊－阿特金斯艺术

图三九 下寺前殿残留壁画

博物馆（Nelson-Atkins Museum of Art）。纳尔逊博物馆立刻聘请专家对壁画进行专业修复。历时半年，才将这些残片拼接成了一铺长 10 米，高 6 米的完整画面。修复完成的壁画，绘画风格和所表现的意境，与纽约大都会艺术博物馆中的壁画内容、画法如出一辙。现陈列于该馆“中国庙宇”展厅。前殿东、西两壁的两铺创作于明代成化十一年（1475）的《药师佛佛会图》《炽盛光佛佛会图》，则被卖给宾夕法尼亚大学博物馆。

1931 年，被盗卖的另一铺壁画——后大殿西壁《药师佛佛会图》，其碎片码放在几个大箱子里在纽约被拍卖，被一位名叫阿瑟·姆·赛克勒（Arthur M. Sackler）的牙医高价买走，这名牙医收藏有大量中国文物艺术品，后据此创办了美国赛克勒博物馆。他认为这些残片具有极高的艺术价值，如能复原，必将是震惊世界的。但由于条件有限，赛克勒无法对壁画残片进行全面修复，他将这些残片一藏就是 30 年，最终只能于 1965 年全部捐给全美最大的博物馆——纽约大都会艺术博物馆。纽约大都会艺术博物馆接收了这些残片后，经过美国壁画专家仔细研究，得知这壁画残片应该是一铺完整的中国佛教壁画，随即成立了专门的修复小组，以此复原出一铺长15.12米，高7.52米的中国元代壁画，永久陈列于赛克勒大厅，成为全馆最具知名度的中国文物艺术品。另据孟嗣徽考证，在法国巴黎集美博物馆中也藏有部分从广胜寺流出的壁画。

广胜寺下寺后大殿的珍贵壁画就是在这样的形势下流失国外，至今未归，殊为可惜可恨。后大殿目前仅存东壁上方的16平方米《善财童子五十三参图》等十余幅，中华人民共和国成立后经揭取修复，现仍珍藏于广胜寺内。原有壁画位置则只能用白灰素泥抹盖。下寺两座大殿空白的墙体和东厢房廊檐下的那通石碑一起见证并控诉着民国时期当地官员、劣绅和寺僧共同做出的荒唐决定和无知行为。

走向世界的广胜寺

独一无二的广胜寺

流光溢彩的飞虹琉璃塔

古老珍贵的赵城金藏

精美绝伦的壁画

洪洞广胜寺是独一无二的。金代大藏经、元代水神庙壁画和明代飞虹琉璃塔使得这座位于霍山南麓的千年古刹闻名遐迩，驰名中外。霍麓山下汩汩喷涌的霍泉，讲述着这里曾经发生过的传奇往事和惊心动魄的红色故事。

今天人们来到洪洞广胜寺，除了驻足观赏广胜上寺、下寺的精美古建，登临宏伟绝伦的琉璃宝塔，一览霍山旖旎的风光，更值得我们留恋的便是亲自聆听和阅读广胜寺历史上的人和事。飞虹塔的前世今生，诠释的就是历代高僧大德为了浮屠众生的平安祥和，讲经传教，勇于付出的坚韧品格。达连大师、波罗上人、力空法师……这些住持广胜寺的历代名僧，为广胜寺注入了持续不断的精神和力量。

古老的《赵城金藏》，横空出世，就令世人为之瞩目。从此以后，《赵城金藏》的每一个新发现、每一处新进展，无不牵引着国人的挂念，为了厘清《赵城金藏》的前世今生，人们矢志不渝，前赴后继，上演了一幕幕精彩的故事。时至今日，人们仍然兴致不减，连续不断地开展与《赵城金藏》有关的各种考证、展览、追索和纪念活动，其所昭示的就是国宝的无限魅力。

水神庙元代壁画所展示的雩祭水利习俗、元代宫廷生活、休

图一 飞虹塔远景

闲娱乐、市井百态、酬神献戏、延续至今的迎接神赛社习俗，以及汉唐以来佛教在中国的发展兴盛，无不展示了中华文化的博大精深、有容乃大的胸怀和气魄。

国宝就在我们身边，守护国宝，讲好国宝故事，增强文化自信，是时代赋予我们的神圣使命。广胜寺的历史必将在中华民族伟大复兴的新征程中再续华章，为守护中华文明，增强“四个自信”，为三晋文化、中华文明走向世界，作出新的更大贡献！

参考文献:

1. 柴泽俊 . 山西寺观壁画 [M]. 北京：文物出版社，1997.
2. 柴瑞祥 . 天下洪洞 [M]. 北京：文物出版社，2004.
3. 柴泽俊，任毅敏. 洪洞广胜寺 [M]. 北京：文物出版社，2006.
4. 金维诺. 中国寺观壁画典藏·山西洪洞广胜寺水神庙壁画[M]. 郑州：河北美术出版社，2001.
5. 杨巨才，张亚喜. 华夏瑰宝：山西洪洞元代壁画 [M]. 北京：中国对外翻译出版公司，2009.
6. 马毅敏. 中国广胜寺 [M]. 北京：新华出版社，2008.
7. 梁思成，林徽因 . 晋汾古建筑预查纪略 [J]. 中国营造学社汇刊，1935，5（3）.
8. 柴泽俊，朱希元. 广胜寺水神庙壁画初探 [J]. 文物，1981，5.
9. 柴泽俊. 山西寺观壁画 [J]. 美术研究，1985，4.
10. 柴泽俊. 山西古代寺观壁画之艺术价值 [J]. 文物季刊，1991，1.
11. 陈紫旭. 山西洪洞广胜寺水神庙元代壁画研究 [D]. 临汾：山西师范大学，2013，5.

图书在版编目（CIP）数据

广胜寺 / 山西省文物局编 ； 张俊峰编著 . -- 太原 ： 三晋出版社 ， 2024. 8. -- （山西国宝故事）. -- ISBN 978-7-5457-2853-8

Ⅰ. K928.75-49

中国国家版本馆 CIP 数据核字第 2024U556L1 号

广胜寺

编　　者：山西省文物局
编 著 者：张俊峰
责任编辑：王　甜
装帧设计：我在文化工作室

出 版 者：山西出版传媒集团 · 三晋出版社
地　　址：太原市建设南路 21 号
电　　话：0351 - 4956036（总编室）
　　　　　0351 - 4922203（印制部）
网　　址：http://www.sjcbs.cn

经 销 者：新华书店
承 印 者：山西新华印业有限公司

开　　本：787mm × 1092mm　1/32
印　　张：5.375
字　　数：90 千字
版　　次：2024 年 8 月　第 1 版
印　　次：2024 年 9 月　第 2 次印刷
书　　号：ISBN 978-7-5457-2853-8
定　　价：36.00 元